ROWOHLT
BERLIN

Heidi Schüller

Wir Zukunftsdiebe

Wie wir die Chancen
unserer Kinder verspielen

Rowohlt · Berlin

Mit großem Dank an
Rüdiger Dammann

1. Auflage März 1997

Umschlaggestaltung Walter Hellmann
(Foto: Bildarchiv Engelmeier)
Gesetzt aus der Iridium (Linotronic 500)
Gesamtherstellung Clausen & Bosse, Leck
Printed in Germany
ISBN 3 87134 279 3

Inhalt

Vorwort

Die Demokratie einer vergreisenden Nation sitzt in der Falle. Die kostenträchtige Absicherung der Wählermehrheiten, also vor allem der Erwachsenengenerationen diesseits und jenseits der Rente, hat schon zu lange zu viele Ressourcen gebunden. Materiell und personell. Zugunsten ihrer politischen Machtabsicherung haben die Regierenden und eine schlappe, politisch vergreiste Opposition die Jugend sträflich vernachlässigt. Ein verheerendes Versagen. Mit Langzeitwirkung!

Meine vorangegangenen Bücher, «Die Gesundmacher» und «Die Alterslüge», waren ungeliebte, aber richtige Analysen eines bedrohlichen Szenarios. Die gravierenden Strukturfehler unserer sozialen Sicherungssysteme werden immer deutlicher. Unser angeblich so erfolgreiches Gesundheitswesen wie unsere angeblich so sichere Altersversorgung sind nicht länger finanzierbar. Die von mir benannten Ursachen haben sich nicht nur als zutreffend erwiesen, sondern – schlimmer noch – meine Prognosen wurden inzwischen von der Realität übertroffen.

Es gibt Menschen, die polarisieren, und es gibt Bücher, die detonieren. Wenn beides zusammenkommt, bewegt sich etwas. Langsam, ganz langsam – aber immerhin. Zumindest in der öffentlichen Wahrnehmung und Debatte. Die Politik braucht dann immer noch unendlich viel Zeit, bis sie aktiv handelt. Viel zu viel Zeit! Die Suche nach politischen Mehrheiten endet leider nach wie vor auf dem viel zu kleinen gemeinsamen Nenner. Zu spät, zu langsam, zu halbherzig.

Wenn sich das nicht ändert, dann werden wir scheitern, und zwar am Sozialen noch schneller als an der Ökonomie.

Abwiegelungsversuche aus Politik und Medien sind zwecklos, sie ersticken mittlerweile in verzweifeltem Gelächter. Wer heute noch behauptet, die Renten seien sicher, erntet bestenfalls Hohn und Spott, eher noch Verachtung. Das Desaster läßt sich nicht mehr leugnen. Der Geist ist aus der Flasche. Ich bin froh, mit beiden Büchern zum richtigen Zeitpunkt die öffentliche Debatte angeregt zu haben. Manche Zuspitzung war notwendig, um die politische Schweigespirale zu durchbrechen. Auch wenn viele vor Wut schäumten.

Auch diese Erfahrung war lehrreich. Sie hat mich erst recht ermutigt, das nächste heiße Eisen anzupacken. Nach dem Gesundheitskult und der Rentenlüge nehme ich hier die Zukunftschancen der jüngeren Generation ins Visier. Das ist kein völlig neues Thema, sondern die logische Konsequenz aus den Analysen und Schlüssen der vorangegangenen Bücher. Die Überfrachtung der unter 40jährigen sowie der Jugend insgesamt mit überbordenden Altlasten für die kommode Versorgung der Vorgängergenerationen hat verheerende Auswirkungen. Wie eine Infratest-Studie im Auftrag des Bundesarbeitsministeriums Ende 1996 ermittelte, hat jeder vierte Seniorenhaushalt in den alten Bundesländern bereits mehr als 5000 DM im Monat netto zur Verfügung. Davon können viele Erwerbstätige und junge Familien nur träumen.

Unseren Kindern steht nicht nur die Ungewißheit bezüglich ihrer eigenen Alters- und Krankheitsabsicherung ins Haus. Sie werden nicht nur über immer weniger Nettogehalt verfügen. Für allzu viele der Jüngeren geht es um die

Existenz schlechthin: Um die Chance einer würdigen Erwerbstätigkeit, um die Chance, verantwortlich eine Familie gründen und Kinder in die Welt setzen zu können – ohne von vornherein zum Sozialfall abgestempelt zu sein, zum Sozialfall in einer Gesellschaft, deren soziale Netze zukünftig immer weniger auffangen können.

Wie wird ein heute 16jähriger als Erwachsener leben? Welche Chancen haben unsere Kinder auf dem schrumpfenden Arbeitsmarkt, in konkurrenzfähigen Berufen, ohne den Selbstbetrug von staatlich finanzierten Phantasiebeschäftigungen zur Kosmetik der Arbeitslosenstatistik? Welche Risiken müssen sie zukünftig selber tragen? Welche Pflichten wird man ihnen abverlangen können und müssen? Wo tragen sie Mitschuld, wo sind sie nur Opfer? Wer bereitet sie vor auf das, was kommt? Was müssen verantwortliche Eltern tun, um die ahnungslosen Wohlstandskinder aus ihren paradiesischen Sozialstaatsträumen wachzurütteln? Wie wird sich der Wohlstands- und Werteverlust in dieser autolytischen Gesellschaft auf die Institutionen auswirken, auf Politik und Demokratie, auf die Familie und das Verhältnis der Geschlechter untereinander? Und was wird aus denen, die scheitern?

Eine ehrliche Antwort auf solche Fragen muß jeden verantwortungsbewußten Erwachsenen beschämen und erschüttern. Denn alle Weichen sind und werden politisch derzeit so gestellt, daß große Teile unserer Jugend eigentlich keine realistische Chance mehr haben. Alle Trends jedenfalls lassen sich so deuten, daß viele der Jungen schon verloren haben, noch ehe sie an den Start gegangen sind:

– Die heutigen Jugendlichen werden bei knapper werdenden Ressourcen, steigenden Preisen und sinkenden Löhnen für eine immer größere Gruppe von «Anspruchnehmern» aufkommen müssen, denen ein anachronistisch gewordenes Sozialsystem ein Füllhorn von Leistungen grundgesetzlich zugesichert hat;

- im Konkurrenzkampf um die schwindsüchtigen Arbeitsplätze werden die Jungen von wesentlich «billigeren» Arbeitsnomaden aus aller Herren Länder verdrängt;
- unsere Kinder tragen die Folgen der finanz-, wirtschafts-, steuer-, familien- und sozialpolitischen Fehlleistungen, die immer noch wider besseres Wissen, doch mit festem Blick auf die wahltaktisch relevanten Mehrheiten perpetuiert wurden;
- Wirtschaft und Politik diktieren Bedingungen, die trotz aller gegenteiligen Rhetorik zu einer Desozialisierung führen: Wer «durchkommen» will, kann dies schon heute am ehesten noch als Einzelkämpfer und wird sich in Zukunft so etwas wie Familie kaum mehr leisten können, es sei denn als ökonomische Zweckgemeinschaft, am besten ohne Kinder;
- diesen Fehlentwicklungen müssen die Jugendlichen darüber hinaus weitgehend ohnmächtig zusehen, da sie aufgrund ihrer demographischen Proportion politisch nicht ins Gewicht fallen.

Wir leben in einer dramatischen Umbruchphase. Haben wir das überhaupt schon begriffen? Oder befinden wir uns noch in der REM-Phase vor dem brutalen Erwachen nach langem politischem Tiefschlaf? Entspringen die düsteren Szenarien vielleicht bloß den Alpträumen besonders ängstlicher Zeitgenossen, oder sind sie gar böswillige Miesmacherei einiger panischer Untergangspropheten?

Für meine Person weise ich den Vorwurf der Miesmacherei strikt zurück. Das Gegenteil ist der Fall: Ich bin so optimistisch, daß ich noch an eine Kurskorrektur glaube. Mich treibt Verantwortung und Sorge um die politische Reformkraft der heutigen Entscheidungsträger um. Ich habe Sorge um die Zukunft meiner Kinder und aller jungen Menschen und Familien in diesem Land und in Europa. Sie haben keine einflußreiche politische Lobby. Wir Eltern müssen ihnen eine Bresche schlagen durch den Wildwuchs an sozialer Überforderung. Sie brauchen Unterstützung bei der Wahrung ihrer Interessen und Zukunftschancen. Wenigstens der Chancen. Denn Gewißheiten wird es für sie nicht mehr geben – soviel ist sicher.

Wir dürfen nicht zulassen, daß eine ganze Generation ahnungsloser junger Menschen ins Messer läuft, weil laue und feige Politik, egoistische Verbandsfunktionäre und zynische Arbeitgeber in subventionierter Großindustrie und staatlichen Institutionen den Karren vor die Wand fahren lassen. Bei aller Kritik an vielen Jugendlichen und Heranwachsenden – an ihrem Desinteresse, ihrer Verweigerung, ihrer Rücksichtslosigkeit, ihrem Egoismus und ihrer Schlafmützigkeit. Wir haben sie zu dem gemacht, was sie sind, als Individuen und als Gesellschaft, zumindest haben wir es zugelassen, daß sie so geworden sind. Wenn sie jetzt aus dem Sozialstaatsparadies vertrieben werden, wenn sie zukünftig einem gnadenlosen Realitätsdruck auf dem Arbeitsmarkt ausgeliefert sein werden, dann hat das sicher mit den stummen revolutionären Veränderungen um uns herum zu tun, die wir Erwachsenen zu lange verdrängt haben: mit der rapiden Globalisierung der Märkte, den strukturellen Veränderungen der Arbeitswelt insgesamt, den internationalen

Währungsturbulenzen, der sträflichen Ignoranz gegenüber den Finanzierungsgrenzen sozialstaatlicher Fürsorge und so fort. Es ist aber auch die Folge unserer verlogenen Wohlstandsideologie, unserer Aaserei und unserer Trägheit, die starren Sozialsysteme beizeiten den sich wandelnden Verhältnissen anzupassen. Wir haben uns übernommen, zu lange auf Pump gelebt – mit ungedeckten Wechseln auf die Zukunft. Auf die Zukunft unserer Kinder.

«Wir Zukunftsdiebe» will sagen, daß *wir* es sind, die den Kindern und Jugendlichen viele Wege versperren. Wir, die Eltern- und Großelterngeneration. Wir lassen es jedenfalls zu, daß sie kaum noch eine Chance haben. Wir Älteren überlasten sie mit Kranken-, Renten- und Sozialversicherungsansprüchen, wir bilden sie unzureichend aus, wir geben ihnen keine politischen Gestaltungsmöglichkeiten, und wir hinterlassen ihnen einen Berg von Schulden, die wir machen, um unseren gegenwärtigen Status quo zu halten und möglichst komfortabel, aber irrational auf bessere Zeiten zu hoffen. Denn diese Hoffnung trügt, sie ist Selbstbetrug. Es wird keine Vollbeschäftigung mehr geben.

Wenn wir als Gesellschaft nicht bald in die Jugend investieren und aufhören, die (jungen) Alten zu hätscheln, dann sind wir verloren. Aber dann hätten wir es auch nicht anders verdient. Dann geht diese Seniorenrepublik eben mit Glanz und Gloria unter, akkurat sekundiert von den Parteien und Gewerkschaften. Momentan deutet vieles darauf hin, daß wir sehenden Auges, sogar zielstrebig ins Desaster schreiten, preußisch korrekt und ordnungsgemäß, gesetzestreu bis zum Ende. Ein hausgemachtes Fiasko: made in Germany.

Wann wird das im politischen Bonn endlich begriffen? Es

ist eine Minute vor zwölf. Und ehe wir uns versehen, enden wir als larmoyante, greise, launische Germania, als fossile Andenkenrepublik mit Kurklinikcharakter, verlassen und verachtet von unseren Kindern, hämisch belächelt von der Welt. Es sei denn …

«Die Bundesrepublik ist ein demokratischer und sozialer Rechtstaat» (Artikel 20 Abs. 1 Grundgesetz). Möge es so bleiben! Damit sich die einflußreiche Clique von Besitzstandswahrern und ihren politischen Handlangern dieses Staates nicht vollends bemächtigt und ihn in den Ruin treibt, sind schmerzhafte Reformen nötig. Egal, welche Partei am Ruder ist. Die Idealisierungen des Sozialstaates enden am Existenzrecht der folgenden Generationen. Basta! Mit den Alten gewinnt man vielleicht Wahlen, aber nur mit der Jugend die Zukunft.

Ausgerechnet die Jugend ist allerdings von den Verfasserinnen und Verfassern unseres Grundgesetzes etwas stiefmütterlich behandelt worden. Der in Artikel 3 festgeschriebene Gleichheitsgrundsatz («Alle Menschen sind vor dem Gesetz gleich») führt zwar näher aus (Absatz 3), daß niemand «wegen seines Geschlechts, seiner Abstammung, seiner Rasse, seiner Sprache, seiner Heimat und Herkunft, seines Glaubens, seiner religiösen oder politischen Anschauungen benachteiligt oder bevorzugt werden» dürfe, läßt aber das Lebensalter unerwähnt. Und dies in einem Sozialstaat, der via «Generationenvertrag» ständig ungedeckte Wechsel auf die Zukunft ausstellt. Doch auch die Chancen der verschiedenen Generationen müßten gleich verteilt sein. Niemand darf wegen seines jugendlichen Alters benachteiligt werden.

Der Fluch der späten Geburt

«So leben Tausende und Tausende dahin, und
haben das Land ihrer Sehnsucht, das Land
ihrer Jugend, verraten und vergessen.»
(Kurt Tucholsky)

Die Hybris einer Luxusnation, die glaubte, sie brauche ihre junge Generation nicht zu fördern und zu fordern, ist ein kostenträchtiger Fauxpax. Wir haben den Strukturumbruch verpennt, auf die zunehmende Abhängigkeit von Wechselkursen nicht konstruktiv reagiert. Wir haben den Mentalitätswandel einer in Larmoyanz erstarrten Gesellschaft nicht rechtzeitig durch Ressourcenverknappung erzwungen und die Generationenkontroverse nicht rechtzeitig ausgetragen. Uns haben die Instinkte gefehlt, die Wahrnehmungstentakel für die globalen Gefährdungen unserer Nachkriegsidylle. Wir waren erfolgsbesoffen und bequem, denkfaul und amüsiersüchtig, politisch feige und verantwortungslos. Der Status quo gefiel uns zu gut. Daß er unseriös finanziert war, hat uns lange nicht geschert. Bloß keine Dissonanzen in der Harmonierepublik, im jahrzehntelang austarierten Spiel der Mächte und Interessen!

Um des lieben Friedens willen gingen auch die Parlamentarier vor und nach der Wende jeder unbequemen Grundsatzdebatte über die Grenzen der Wohlstandsidylle aus dem Weg; statt dessen diskutierten sie lieber ausgiebig etwa über die artgerechte Bestuhlung von Abgeordnetenhintern; über solch weltbewegende Fragen, ob denn die Sitzordnung des

Reichstages in Berlin nun kreisförmig oder elliptisch sein solle, wurde tagelang debattiert. Sancta simplicitas! Oh, heilige Einfalt. Darüber konnten sich unsere politischen Repräsentanten mächtig streiten, keine Petitesse war bedeutungslos genug. Eine Ausrichtung nach vorne jedoch, einen verantwortlichen Blick auf das Potential und die Fähigkeit unserer Jugend, auf ihre Chancen und Möglichkeiten – das suchte man in Bonn lange vergeblich. Und wir – als Wähler und Bürger – haben der Operette zugeschaut und nicht selten auch noch amüsiert applaudiert.

Inzwischen herrscht Katzenjammer. Sämtliche Wirtschaftsdaten waren geschönt und müssen nun ein ums andere Mal korrigiert werden. Immer mehr Haushaltslöcher tun sich auf, die Rentendefizite und ihre absehbaren Steigerungsraten lassen sich nicht mehr vertuschen. Und das ist erst der Anfang, die Spitze des Defizit-Eisbergs.

Doch selbst jetzt, wo uns der Kittel brennt, wo das deutsche Wohlstandshaus in Flammen steht, polieren sich unsere Feuerwehrmänner (in Politik, Gewerkschaften und bei den Arbeitgebern) noch immer eitel die Goldknöpfe ihrer Uniformen und stehen sich gegenseitig aus ideologischen Nickeligkeiten auf dem Wasserschlauch. Da wehklagen Seniorenverbände wegen lächerlicher Kurbeschränkungen oder wegen ein paar Mark Zuzahlung für oft überflüssige Medikamente, während die Jungen von einer ernstzunehmenden Alterssicherung oder Krankheitsabsicherung zu finanzierbaren Kosten gar nicht mehr zu träumen wagen – zumal nur noch wenige von ihnen auf einen sicheren Job hoffen dürfen. Da drohen die Alten mit einem Marsch auf Bonn, obgleich es viel plausibler wäre, wenn sich die Jungen empört formieren würden. Sie werden das Versagen der

Politik ihrer Vorgängergenerationen doch ausbaden müssen. Vor allem sie und nicht die Alten.

Daß die Jungen keine adäquaten Renten bekommen werden, ist ihnen durchaus schon bewußt. Theoretisch zumindest. Bereits 94 Prozent der 18- bis 29jährigen mißtrauen schon heute der gesetzlichen Altersversorgung. Viele würden eine individuelle Altersvorsorge dem Generationenvertrag vorziehen. Daß ein nicht geringer Teil der heutigen Jugendlichen gar nicht erst in gesicherte Arbeitsverhältnisse eintreten wird, sich keine eigene seriöse Existenz aufbauen oder keine Familie ohne staatliche Stütze wird gründen können, das wird zwar erahnt, ist aber in der Konsequenz noch nicht begriffen.

Diese absehbare Entwicklung wird weitreichende Konsequenzen haben. Sie wird zu sozialen Verwerfungen, zu Animositäten zwischen schuldlos Chancenlosen und Überprivilegierten führen. Sie wird das Verhältnis der Generationen untereinander, aber auch die Rollenverteilungen innerhalb der jüngeren Generation gravierend verändern. Denn die anwachsende Massenarbeitslosigkeit, die zunehmende Spaltung der Gesellschaft in «have» und «have not» trifft vor allem die Jugend und die junge Erwerbsgeneration. Sie werden direkt und indirekt die Suppe auslöffeln: arbeitslos, würdelos, chancenlos. Als desillusionierte Wohlstandskids im Sturzflug in die Realität. Schlecht ausgebildet, unvorbereitet und überfordert.

Das ist der Nährstoff, aus dem Randale erwächst – nicht sofort, sondern zeitverzögert. Eine düstere Vision, aber eine realistische. Auf diesen drohenden Konflikt müssen wir schon heute reagieren, dieser Gefahr für die innere Stabilität müssen wir – europaweit – ins Auge sehen; rund 30

Prozent der 18 Millionen Arbeitslosen in Europa sind Jugendliche. Wenn wir den anstehenden Veränderungen nur angstbesetzt mit Besitzstandswahrungsdenken begegnen, zu langsam reagieren oder gar in politischer Agonie verharren, werden wir von der Realität überrollt. Wenn wir es versäumen, der Jugend wenigstens ein Minimum an Chancen einzuräumen, treiben wir sie wie Lämmer zur Schlachtbank, während die heute über 50jährigen parteiübergreifend geschont werden. «Vertrauensschutz» war das juristische Zauberwort, das ihnen all die unrealistischen Versprechen der Vergangenheit sicherte. Aber gibt es nicht auch einen Vertrauensschutz für die Jugend? Das ist es, wozu diese Gesellschaft sich endlich aufraffen muß. Sonst werden wir scheitern.

Die ahnungslose Generation

> «Die erste Pflicht im Leben beruht darin, eine
> Pose einzunehmen, worin die zweite besteht,
> hat noch niemand herausgefunden.»
> *(Oscar Wilde)*

Es ist normal, die eigenen Kinder zu lieben und auf die Jugend im allgemeinen zu schimpfen. Daß jugendliches Verhalten, wie absonderlich oder wie provozierend es uns auch erscheinen mag, immer auch die Erwachsenenwelt widerspiegelt, das wissen wir zwar sehr genau, wollen es aber oft nicht wahrhaben.

Sozialwissenschaftler bezeichnen als Jugend zunächst

einmal eine biologisch mitbestimmte, aber sozial und kulturell überformte Lebensphase in der Biographie des einzelnen. Im allgemeinen beginnt die Zugehörigkeit zur Altersgruppe der Jugendlichen (der etwa 13- bis etwa 25jährigen) mit der Pubertät und endet mit dem Abschluß der Berufsausbildung. Das heißt, Jugend als soziales Phänomen besteht darin, daß junge, bereits arbeits- und zeugungsfähige Menschen vom Produktionsprozeß weitgehend freigestellt werden, um – qua Bildung und Ausbildung – alle Voraussetzungen für selbständiges Handeln zu erwerben.

Diese etwas trockene definitorische Annäherung macht deutlich, daß die klassische Jugendphase, die mit dem Berufseintritt oder der Gründung einer eigenen Familie als beendet galt, in Auflösung begriffen ist. Und zwar deshalb, weil die «Institutionen» Arbeit und Familie in Auflösung begriffen sind. Man könnte also sagen, daß es für Jugendliche heute offenbar immer schwieriger wird oder aber gar nicht erstrebenswert erscheint, «erwachsen» zu werden.

Doch halten wir uns nicht länger mit Definitionen auf. Denn ob sie nicht erwachsen werden *können* oder nicht erwachsen werden *wollen* – beides wären die Folgen unseres Versagens. Wir lassen sie nicht rein – und also auch nicht raus aus dieser Interimsphase. Wir behindern sie schon beim Anfangen: in der Ausbildung, bei ihrer Lehrstellen-, Studienplatz- und besonders ihrer Arbeitsplatzsuche. Unser Egoismus macht ihre Chancen zunichte. Der Monetarismus unserer Generation weltweit treibt sie schutzlos auf die Verliererstraße. Der Fluch der späten Geburt.

Also kultivieren sie ihre Jugend. Wer wollte es ihnen verübeln? Gedanken ans Alter, an Vorsorge? So etwas ist Galaxien von ihren Sorgenwelten entfernt. Und Familie? Wie soll ein 18- bis 20jähriger Lehrling, oft mit Abitur, bei durchschnittlich 1000 DM tariflicher Ausbildungsvergütung und trüben Übernahmeaussichten an Familienplanung denken? Also genießen sie, was sie haben – hier und heute. Jeder auf seine Art.

Denn unsere Jugend ist, entgegen allgemeinen Definitionsversuchen, eine inhomogene Generation. Es gibt eine Vielzahl von Gruppenzuordnungen und Claims. Die Mode- und Sportbranche gibt Zeugnis darüber. Allein die Teenagergeneration umfaßt heute zeitgleich zwei völlig verschiedene Marktsegmente mit völlig unterschiedlichem Konsumverhalten: Die Zehn- bis Dreizehnjährigen hören andere Musik, tragen andere Klamotten und Accessoires als die 14- bis 16jährigen. Und zwischen 17 und 20 Jahren stylt man sich wieder anders. Darüber hinaus trennt sich die ehemalige Unisex-Generation der achtziger Jahre wieder ganz deutlich in Jungen- und Mädchenkulte – sehr zur Freude der Modebranche.

Die extreme Fixierung auf Äußerlichkeiten, auf Statussymbole, Design- und Erkennungssignets ist in dieser Generation besonders auffällig. Und selbst in der modischen Verweigerung bleibt man als kostümierte Einheit erkennbar – sei es als Grufties, Punks oder randalierende Fans, sei es als «Girlies» oder als «little Machos».

Ihre Extrovertiertheit, ihre schrillen Outfits, ihre Kokketterie, selbst ihre sexuellen Provokationen haben etwas Theatralisches, Posenhaftes. Vieles wirkt inszeniert und künstlich. Wie es halt so ist in diesem Alter. Man ist auf der Umlaufbahn und noch nicht bei sich gelandet – nur daß heute jede weitere Umrundung in einen neuen merkantilen Kult und Kaufrausch mündet.

Mit der Inszenierung der ersten Pose scheinen manche Jugendgeschöpfe unserer Zeit dann hinreichend beschäftigt zu sein. Für etwaige «Pflichten» reicht die Phantasie nicht aus. Zugegeben, ihr Narzißmus, ihre Egozentrik, ihre Konsumorientiertheit, ihre Fixierung aufs Geld als Maßstab – fast – aller Dinge sind manchmal nur skurril, meistens ärgerlich. Doch wir haben es ihnen vorgelebt. Wollen wir uns nun wirklich erdreisten, sie jetzt in Bausch und Bogen zu verurteilen, weil sie genießen, was sie haben? Steht es ausgerechnet uns zu, ihnen ihre Geldfixiertheit vorzuwerfen, während wir gleichzeitig auf Kredit leben und viele Ansprüche horten, für die wir uns später bei ihnen schadlos halten? Ihren mangelnden Gemeinsinn anzuprangern, nur bei ihnen Hedonismus und Oberflächlichkeit zu geißeln, ist schon recht einäugig. Solche Vorwürfe müßten auch und vor allem an die eigene Adresse gerichtet werden.

Wir haben unsere Kinder zu dem gemacht, was sie heute sind – als Individuen, als Gesellschaft und als Staat. Sie sind Konsumbürger durch und durch – wie wir. Ob es uns gefällt oder nicht: Sie haben sich an dem orientiert, sie haben das umgesetzt und – zugegeben – konsequent fortentwickelt, was sie von uns gelernt haben: unser Konsumverhalten, unsere Arbeitsmoral, unser individuelles Cocooning (unsere «Einigelung»).

Die meisten der heute 12- bis 24jährigen haben in ihrem kurzen Leben doch immer nur Ausweitungen eines stets üppigen Forderungskataloges des Bürgers an einen imaginären Staat erlebt. Die «Kultur des Antragstellens» haben sie doch bei uns gelernt. Woher sollten sie ahnen, daß es nicht immer so weitergeht, daß dieses mitteleuropäische Wohlstandsleben – weltweit gesehen – extrem privilegiert ist und einen hohen Preis hat? Einen Preis, den wir auf Dauer nicht bezahlen können; wir nicht, und sie erst recht nicht. Woher sollten sie wissen, daß dem Erreichten der Prozeß des Erreichens vorausging? Wie sollten sie ahnen, daß das Leben in einem Wohlstand dieser Größenordnung auch etwas mit persönlicher Leistung und Engagement zu tun hat? Daß Bildung und weitgehende Lehrmittelfreiheit, eine großzügige Gesundheitsversorgung für alle und eine gut ausgebaute Infrastruktur auf Dauer nur funktionieren können, wenn *alle* ihren Beitrag leisten: arbeiten und/oder Steuern zahlen. Jeder nach seinen Möglichkeiten – jeder, bis auf Hilflose, Schwerstkranke, Kinder und Greise sowie Mütter in der Erziehungsphase.

Wie sollten sie wissen, daß die starke D-Mark, mit der man im Ausland so fabelhaft Urlaub machen konnte, vielen exportierenden Betrieben den Garaus machte? Wie sollten sie wissen, daß diesem Schlaraffenland durch Steuerflucht und Investitionshemmnisse das Kapital entzogen wurde, während sie noch selbstvergessen vor sich hin träumten? Wer hat ihnen erklärt, daß ein Gehalt nicht von der «Bank» oder vom «Staat» kommt, sondern auf einem immer schwierigeren Markt erkämpft werden muß?

Eines ist jedenfalls sicher: Den hohen Standard, den viele Kinder und Jugendliche derzeit noch im «Hotel Mama» genießen, mit eigenem Zimmer, Telefon, High-Tech all over, Taschengeld, Klamotten und Urlaubsreisen, werden sie aus eigener Kraft nicht halten können. Sie werden die erste Nachkriegsgeneration sein, für die es als Erwachsene mehrheitlich bergab geht.

Auf einer Glatze Locken drehen

Alice im Plunderland

Wir erwachsenen Deutschen, die wir seit über 50 Jahren in Frieden, Freizügigkeit und stetig wachsendem Luxus gelebt haben, haben unsere Jugend auf die Zukunft schlecht vorbereitet – bestenfalls, weil wir es zu gut mit ihnen meinten. Wir haben diese Generation zwar verwöhnt, aber nicht gut behandelt. Sie ist schlecht gerüstet.

Unsere Kinder wuchsen und wachsen beziehungslos auf, ohne gesellschaftliche Rolle, monetär abgespeist. Adnexe der Wohlstandsgesellschaft. Verhätschelt, verzogen, oft auch sozial verwahrlost. Worüber wundern wir uns heute? Sie hatten alles, nur keine Idee davon, wo das alles herkam. Ob das Auto bezahlt war, das Haus, die Wohnung, der Urlaub, die Stereoanlage, die Klamotten, der Computer, die Disketten und alles, was ihr Herz so begehrte? Daß vieles davon auf Pump erworben wurde, blieb ihnen doch häufig verborgen. So summierten sich die im Jahr 1995 an Privatpersonen vergebenen Kredite auf gigantische 1,18 Billionen (1180000000000) DM; hinzu kommen, laut Statistischem Jahrbuch, noch einmal 1,33 Billionen DM an Hypothekenschulden.

Viele Kinder hatten schlichtweg alles, nur keine Ahnung von den realen Bedingungen, unter denen wir mit ihnen dieses Konsumleben führten. Die behütete Weltenferne, in der sie groß wurden, war unser Danaergeschenk an sie. Es ist heute ihr Handikap.

Man kann sich über manche Exemplare dieser Jugendgeneration zu Recht empören, über ihre Dreistigkeit und

Unverschämtheit, über ihre Forderungskataloge, auch über ihre Faulheit und ihre beängstigende Ignoranz. Ihr Auftreten ist oft dummdreist, ihr Selbstverständnis nicht ohne Hybris. Viele fordern frech ihren Teil vom gesellschaftlichen Kuchen – auch ohne Leistung. Das ist ihr Irrtum. Und es war unser Irrtum, in ihnen solche Illusionen zu wecken.

Allzuoft wurden selbst überzogene Forderungen – sei es aus Bequemlichkeit, sei es aus dem Eigeninteresse der Betreuer – unterstützt. In der Familie, aber auch in der Drogenberatung, bei der Sozialisierung von Verweigerern und im allzu moderaten Strafvollzug. Unter dem Mantel der «Jugendhilfe» trieb die Sozial- und Pädagogikbranche himmelschreiende Blüten. So entstand Erlebnispädagogik in Portugal oder Nepal für schwer Erziehbare mitsamt ihren «erlebnishungrigen» Sozialbetreuern. Für bis zu 12 000 DM pro Person und Monat schicken Jugendämter schwererziehbare Jugendliche auf Segeltörns in die Karibik oder auf Fahrradtouren durch Neuseeland. Die horrenden Kosten solcher öffentlich finanzierten Spaßreisen dürften in keinem Verhältnis zum allenfalls bescheidenen pädagogischen Erfolg stehen. Auch Kifferseminare mit fachkundiger Anleitung für den «richtigen» Drogengebrauch am Rande der «Love Parade» oder als Dauerinstitution entziehen sich meinem Pädagogikverständnis.

Wie viele Stellen im Sozialdienst stünden ad hoc zur Disposition, wenn man der Verweigerungsjugend mehr Eigenengagement und Eigenverantwortung abverlangen würde? Auch hier wäre Ressourcenverknappung – bei Lichte betrachtet – der hilfreichere Weg. Fernab von den Idealisierungen wabernder Sozialpolitik muß sich auch hier bald der Aufwand am Effekt messen lassen. Es ist wirklich nicht einzusehen, daß gerissene «Abweichler» und Schwererziehbare mitsamt ihren Betreuern in einzelnen Luxusprojekten kostenträchtig «geparkt» werden. Statt schlicht eine Wohnung für 400 DM anzumieten und die Ausbildung in einem Betrieb zu begleiten, werden einzelne Jugendliche in betreuten Wohnprojekten für rund 2800 DM dauerumsorgt, während gleichzeitig Schulen und Hochschulen verkommen und leistungswilligen, engagierten Kindern die Ausstattungsbasis beschnitten wird.

Diese ungleiche Ressourcenverteilung ist nur eines von vielen Symptomen. Sie macht deutlich, wie unser Sozialstaat gemeinhin funktioniert: zielungenau und mit fatalen Präferenzen. Weniger von sachlichen Notwendigkeiten oder den Bedürfnissen der Adressaten wird das Ausmaß der ihnen gewährten Unterstützung bestimmt, sondern von der Eigenlogik einer aufgeblähten Sozialadministration und der Cleverness einzelner Betreuungssparten. Zwischen 1970 und heute nahm nicht nur das Bruttosozialprodukt um mehr als das Dreifache zu, sondern auch die Zahl der hauptamtlichen Mitarbeiter der Wohlfahrtsverbände (von 380000 auf knapp eine Million). Fast proportional zum «Wohlstand» scheint also auch die soziale Not gestiegen zu sein. Ein eigentümlicher Zusammenhang. Viele soziale «Leistungen» erscheinen mir deshalb nur noch als Hilfe zur Selbsthilfe – der Betreuer: Sie dienen mittlerweile vorrangig der Legitimation und Beschäftigungssicherheit der erwachsenen (Selbst-) Helfer.

Das ist kein Zufall. Denn so gern man sich einzelnen Problemgruppen – möglichst medienträchtig – zuwendet, so wenig haben die unter 18jährigen insgesamt zu melden. Denn was die höchst unterschiedlichen Jugendgruppen einer Generation eint, ist ihre Bedeutungslosigkeit für die politischen Entscheidungsträger. Sie haben keinen Einfluß auf das politische Geschehen und bekommen keine ernstzunehmende, uneigennützige Unterstützung. Und ihre Ohnmacht ließ sie offenbar resignieren – wie die geringe Wahlbeteiligung an den Kommunalwahlen in Niedersachsen belegt, bei der erstmals 16jährige wählen durften. Eine Ohrfeige für die Politik und ein besorgniserregendes Omen auf die Zukunft.

Zwar gibt es die Engagierten ebenso wie die Verweigerer, die Edel-Youngster ebenso wie die 50000 Straßenkinder, kleine Ausreißer oder Streuner, die wie die großen Treber «auf Platte gehen». Aber insgesamt gibt es immer mehr Jugendliche, die sich von der Erwachsenenwelt abwenden, von ihrer Verlogenheit, ihrer Verantwortungslosigkeit – ökologisch wie ökonomisch –, ihrer Sklerose und Freudlosigkeit. Sie suchen fun um jeden Preis, Leichtigkeit, wo doch alles so schwer wird. Wenn sie heute schon singend durch den Äther feixen: «Theo, wir geh'n bankrott», dann ahnen sie wohl, was auf sie zukommt. Sie müßten lernen, auf einer Glatze Locken zu drehen.

There is no business like mediabusiness

> «Es ist kein Wunder, wenn in einer Narrenzeit
> die Narren zum Zug kommen.»
> *(Machiavelli, 1527)*

Es ist das Privileg der Jugend – zu allen Zeiten und überall –, den Versuch zu unternehmen, dem Leben mehr zu entlokken, als es zu bieten hat. Und es ist das Recht jedes freien Unternehmers, diesen Impuls kommerziell zu nutzen. Hierbei hat die Konsum- und Mediengesellschaft ein kaum zu überbietendes Niveau erreicht. Der Wahnsinn hat Methode. Wir leben in einem Zeitalter der Mittelbarkeit und der Vermittlung.

Der Erlebnishunger und die Unbekümmertheit der Jüngeren wurde einerseits zunehmend kanalisiert, erhielt aber andererseits auch gehörige Dämpfer. Das «Peccate fortiter», dieses beschwingte «Sündigt kräftig» der wilden 68er-Elterngeneration beispielsweise wurde durch die reale mediale Aidshysterie in den achtziger Jahren jäh unterbrochen. Panik, Angst und Schuldgefühle ersetzten die freie Liebe ohne Folgen. Sexualität wurde mit Lebensrisiko assoziiert, vor dem auch Kondome nur begrenzt schützen. Die Gefahr schien überall zu lauern. Nähe, Körperkontakt, Küsse – alles Menschliche geriet ins Kreuzfeuer hysterischer Berichterstattung. Wie soll das auf junge pubertierende Menschen wirken? Viele reagierten mit einem vehementen Rückzug aufs Ego.

«Wer in sich selbst verliebt ist, hat bei seiner Liebe wenigstens den Vorteil, daß er nicht viele Nebenbuhler erhalten wird» (Lichtenberg). Bei der hohen Rate der Scheidungskinder, die Liebe und Ehe ohnehin oft als Konfliktpotential und die eigene Sexualität und Erotik als Bedrohung wahrnehmen, ist Beziehungsarmut fast schon zeitgemäß und die Entwicklung des Cyber-Sex als die ultimative Form der erotischen Stimulation einer phobischen Generation geradezu logisch.

Die Internet-Surfer haben mit einem einzelnen Finger Zugang zum globalen Dorf, zu Informationen und Reizsignalen, zu sense und nonsense aller Art – risikolos und unverbindlich. Man beamt sich rein und raus, wie es gerade gefällt, und braucht dabei nicht einmal den Hintern aus dem Sessel zu erheben. Wie himmlisch! Gerade recht für eine immobile, bequeme Generation: Mousepasmus statt Orgasmus.

Dabei ist das Internet nur eine konsequente Fortentwicklung des Bildschirmalltags, mit dem und in dem unsere Kinder aufwachsen. Kein Wunder, daß die Informationsgesellschaft mit ihrer Inflation an Bits und Bytes, Hips und Hops, den kurzen Halbwertszeiten von Innovation und Information sowie der Blödsinnsüberfrachtung in den Medien sich längst der Sprache der Jugend bemächtigt hat. Das heißt, die junge Generation adaptierte sich nahtlos an das Mediengezappele und die Zahlenflut auf allen Kanälen. Ihr Sensorium reagiert reflexhaft: wahrnehmen, aufnehmen, checken, abspeichern – weiter! Keine Zeit fürs Nach-Denken, fürs Genießen, Verarbeiten, Bewerten. Entscheidungen werden nicht mehr getroffen, sie quellen einfach auf.

Die Sprache der Jugend verrät die Konfusion. Sie ist zu einem «melting-pot» verschiedenster nationaler und internationaler Einflüsse geworden, mit Wortverdrehungen, Wortfetzen und Unvollständigkeiten, die jeden Deutschlehrer zum Wahnsinn treiben, so bunt und pittoresk wie die Zusammensetzung seiner Schulklassen. Breitgezogener Slang, gemischt mit MTV-Englisch, in der Syntax von Türkisch oder Jugoslawisch, garniert mit Blödelvokabular. Dazu die unmißverständlichen Effenberg-Gesten und ihre Varianten. Man versteht sich gut, über alle Sprachbarrieren hinweg. Man fängt einen «Nogger» im Vorbeigehen oder «switcht» sich irgendwohin.

Am liebsten würden sie sich manchmal einfach «wegbeamen»: ins Nirwana, in den Orbit, raus aus diesem Trommelfeuer aus Fakten und Pseudofakten. Denn die Kinder und Jugendlichen ertrinken geradezu in Reizsignalen, werden überfordert durch die Springflut der auf sie einstürzenden Informationen. Das Schlimme daran ist, daß sie völlig unausgebildet sind in der ordnenden Selektion dieses Informationswustes. Sie sind dem Bombardement durch sämtliche Medien fast schutzlos ausgeliefert. Wen wundert's, daß viele nur noch nach Luft schnappen und sich zumindest gegen die Erwachsenen-Nachrichten in Radio und Fernsehen durch Verweigerung oder fatalistische Feixereien schützen. Die Renaissance der Comedy-Scene und des Nonsens-Kabaretts gerade bei der Jugend ist symptomatisch.

Ergebnis: Leichte Kost auf allen Kanälen, Stars und Showbiz, Musik und Szeneklatsch. Alles andere tangiert sie kaum noch, und die Tagespolitik, die wird immer häufiger weggealbert. Medienmacher und Mediennutzer verstärken sich dabei gegenseitig. Immer weniger Jungjournalisten recherchieren noch ernsthaft. Kaum einer hat die Zeit und den Anspruch, einem Thema systematisch und analytisch auf den Grund zu gehen. Oft ist das von seiten ihrer Arbeitgeber auch gar nicht mehr erwünscht. Schnelligkeit, Pointierung auf mediengängige Plots, Effekthascherei, kurze selektive Informationsaufbereitung ohne Überprüfung oder Analyse der Zusammenhänge und Ursachen macht sie allerdings zu willfährigen Herolden gezielter Desinformation oder versteckter Werbung auf der Info-Schiene.

Der eigenen jungen Klientel fällt dieses Defizit kaum auf. Sie leidet unter derselben Krankheit: Oberflächlichkeit. Tiefgang ist nicht ihr Ding. So genau wollen sie es gar nicht wissen. Der Häppchen-Journalismus, die 20-Sekunden-Newsfetzen in ihrer eigenen Stakkatosprache reichen völlig. Schlagwörter genügen, nur so viel, daß man mitreden kann. Informationsvermeidung scheint die Devise. Und selbst die angstbesetzten Quotensklaven der öffentlich-rechtlichen Anstalten opfern zunehmend den Anspruch auf seriöse Information zur Hauptsendezeit der Effekthascherei mit Eye-Catchern und Sensationsplots. So besteht in dieser Gesellschaft trotz großem Informationsbedarf und gigantischem Informationsbetrieb ein ausgesprochenes Informationsdefizit. Und das in Zeiten großer Umbrüche, gravierender Veränderungen, für deren Bewältigung man Verständnis und Akzeptanz breiter Bevölkerungsschichten braucht. Eine Tragödie!

Frustrationsprophylaxe

> «Die allgemeine Dummheit wirkt sich auf die Individuen aus. Jeder begibt sich nach und nach auf das Niveau von allen.»
> *(Gustave Flaubert)*

Das Medium Fernsehen hat – neben allem anderen – auch die klassischen Menschentröster wie Priester und Ärzte längst abgehängt. Es dient mittlerweile als kollektives Sedativum und Depressionsprophylaxe für breite Bevölkerungsschichten. Es ist gesellschaftlich ersehntes und politisch gefördertes Massentherapeutikum mit freier Programmwahl. Ein ausgesprochen billiges noch dazu, rezeptfreies Opium für das Volk.

Zum Beispiel die Talkshow-Inflation gegen Alltags- oder Single-Einsamkeit und Arbeitslosenlangeweile – schon am Vormittag. Oder Musik bis zum Abwinken zur Besänftigung und Ablenkung der Jugend. Auch die Rätselsendungen in Großbuchstaben ließen sich mit etwas gutem Willen als Gehirnjogging für Alzheimer-Kandidaten klassifizieren. Und das mitternächtliche Erotikprogramm könnte man doch auch als Herz-Kreislauf-Stimulanz deklarieren, die ebenso gut oder schlecht funktionieren dürfte wie die medizinische Erektionshilfe aus der Apotheke – mechanisch oder pharmazeutisch –, die schon Hunderttausende von müden Männern in Anspruch nehmen.

Der soziale Nutzen und die gesundheitsfördernde Wirkung stimulierender oder auch sedierender Fernsehprogramme ist doch mindestens so groß wie ein Bauchtanz- oder Yogakursus von der AOK oder wie die Prostituierte auf

Krankenschein. Wenn schon Schwachsinn, dann auch richtig, Irrsinn kennt keine Grenzen. Mich wundert, daß noch keiner der Fernsehgewaltigen auf die Idee gekommen ist, sich – wie so viele andere – an den Töpfen der Sozialversicherung zu laben. Sie haben schließlich etwas anzubieten – fürs Gemeinwohl.

Neben der seichten Unterhaltung gibt es Sport bis zum Erbrechen, auf allen Kanälen. Ob Fußball, Tennis, Boxen oder Formel 1 – alles ist recht, um unzufriedene, gebeutelte Arbeitnehmer oder unausgelastete, ebenfalls unzufriedene Arbeitslose bei Laune zu halten. Im Namen der Nationalmannschaft oder der nationalen Interessen bei den Olympischen Spielen lassen sich selbst vernunftbegabte Menschen dazu verleiten, von ihrem Wohnzimmersessel aus gegen die reale Auflösung des sozialen Zusammenhalts anzubrüllen: gesellschaftliche Teilhabe an inszenierter Kommunikation.

Wenn schon die Desintegration im richtigen Leben gespenstische Ausmaße angenommen hat, so läßt sich doch wenigstens via Mattscheibe noch ein Hauch von Teamgeist und Zusammenhalt herbeizaubern. «Einer für alle, alle für einen.» Schön wär's! «Dabeisein ist alles.» Von wegen! Dieser Slogan gilt nur der Kundenakquisition. In Wahrheit geht's auch im Sport zu wie im richtigen Leben: «The winner takes it all.» Sonderbar ist nur, daß im Sport oder in der Musikszene die «Eliten» nach wie vor fast uneingeschränkt akzeptiert werden, während sie beispielsweise in den Schulen Hautgout haben.

Der olympische Gedanke mit seiner kommerziellen Ausbeutung der Jugend durch eine zynische Greisenriege mit eindeutigen Geschäftsinteressen hat die Globalisierung der Märkte, wie wir sie heute erleben, schon frühzeitig vorweggenommen. Die Wirtschaft erwies sich schnell als lernfähig. Selbst provinzielle Mittelständler avancierten zur Crème de la Crème einer weltweiten Sponsorenlobby. Im Schlepptau des IOC und mittels parapolitischer Zeremonien ließen sich fabelhaft weltweit neue Märkte erschließen. In den VIP-Zelten rund ums olympische Getümmel, bei Champagner und Hummerschwänzen, wurden die «big deals» eingetütet. Ganz unauffällig, en passant, ganz sportlich, per Handschlag, von Mann zu Mann. Kein Wunder, daß die Vorstandsherren der Großkonzerne im internationalen Sportzirkus rastlos im Einsatz waren. Da blieb kaum Zeit für die Entwicklung neuer Produkte, geschweige denn für die lästige Managementüberwachung in der heimischen Firma.

Wer sonnt sich nicht gern im Glanz der Sieger, in der Hoffnung, daß ein wenig Licht auf ihn abstrahlt. Die Sprache der Manager ist getränkt mit Begriffen der Hochleistungsszene des Spitzensports: Man ist «hochmotiviert», «topfit» und «bissig», gibt unentwegt «sein Bestes», hat «Stehvermögen» oder «Killerinstinkt». Wie es gerade paßt. In den letzten Jahren mehr Killerinstinkt als Stehvermögen.

Die jugendlichen Athleten dienten und dienen hierbei jedoch nur als auswechselbare Staffage mit Lokalkolorit. Das IOC hat vorgemacht, wie man hohe Wertschöpfung rund um den Erdball erzielt, auch ohne große Investitionen und mit minimalem Risiko. «Short term cash» – die schnelle Kasse: Alle Jahre wieder mit der immer gleichen alten Idee und auf den Knochen anderer (junger) Leute. Die Athleten aller Zeiten haben ihre Haut zu billig zu Markte getragen. Für ein paar lausige Dollar. Das Geschäft mit ihrem Können und mit ihren Emotionen machten andere. Der Club der alten Männer, die ersten global player der Neuzeit.

Die Maxime des «Short-term-Profits», des immer schneller werdenden Abkassierens ohne Investition in Menschen oder Produktionsstätten, hat mittlerweile schon die hochgelobten Boom-Regionen Asiens erreicht. Weil selbst der billige chinesische Mitarbeiter den Produzenten von Ramschtextilien zu teuer geworden ist, zieht die Fertigung ins nächste Sklavenparadies um die Ecke. Der Zynismus ist «on tour». Transkontinental.

Wo diese Entwickung enden soll, das wissen die Götter. Dem Lohndumping folgt schnell ein ungeliebtes Preisdumping, weil die profitablen Absatzmärkte fehlen. Und wer hat dann gewonnen? Marktanteile über alles? Pole-position für welches Rennen? Ist der Globalisierungswettbewerb überhaupt zu gewinnen, oder ist die Globalisierung eine Falle? Wird also das weltweite Renditespiel der oberen zwanzig Prozent der Einfünftelgesellschaft, übrigens überwiegend Ältere, Vermögende und Aktionäre, überall verbrannte Erde hinterlassen? Wird es so kommen (wie dies Hans-Peter Martin und Harald Schumann in ihrem Buch «Die Globalisierungsfalle» beschreiben), daß sich die Hochvermögenden wie in Amerika und Brasilien immer stärker in ihre ghettoisierten, von Sicherheitsdiensten bewachten Wohlstandsenklaven zurückziehen müssen, um sich sicher zu fühlen, vor allem aber, um das soziale Elend der anderen nicht mit ansehen zu müssen? Oder werden wir uns vorher ein neues – verbindendes – Feindbild gezimmert haben?

Das «citius, altius, fortius», das «Schneller, Höher, Weiter» im Sport wie auch das «Schneller, Mehr, Rentabler» in der Wirtschaft, endet irgendwann an der physischen Ausbeutung der Aktiven (im Sport, in der Produktion, im Management), an der emotionalen Erschöpfung aller Idealisten und am Kaufkraftverlust unterbezahlter Erwerbstätiger. Schon Henry Ford wußte, daß man die Menschen in die Lage versetzen muß, die von ihnen selbst oder von anderen hergestellten Produkte auch zu erwerben. Sonst geht das ganze Spiel einfach nicht auf, sonst wird auch noch der vielbeschworene Markt ein nur noch virtueller.

Rattenfänger

> «Was, das Volk hat kein Brot?
> Soll's doch Kuchen essen.»
> *(Marie Antoinette)*

Neben den Sportstars rangieren die Showstars an der Spitze der Vorbilderskala der Kids. Sie diktieren Trends und Wertigkeiten; sie sind nicht Teil einer Generationenbewegung, sondern deren unangefochtene Leithammel. Immer häufiger sind es nicht charismatische, gewachsene Persönlichkeiten, sondern artifiziell gestylte Trendsetter mit kurzen Halbwertszeiten, die von einer perfekten Marketingstrategie der boomenden Musik- und Videobranche gepusht und nach kurzer Zeit wieder in die Bedeutungslosigkeit gestoßen werden, sobald der Markt abgegrast und keine fette Beute mehr zu ernten ist.

Dabei entwickeln sich die Spielwiesen für die Kids, die die großen Energie- und Medienkonzerne etabliert haben, zu wahren Goldgruben. Die Transformation sterbender Megabranchen wie der Stahl- und Maschinenbauindustrien in multimediale Dienstleistungsbereiche erwies sich als großer

Erfolg und kluger Schachzug der Altherrenclique in den Vorständen. Betraut mit der möglichst wundersamen Geldvermehrung ihrer meist älteren Aktionäre, haben sie den Kids neue Konsumwelten erschlossen. Eigene Fernsehkanäle sekundierten den künstlichen Bedarf an immer neuer Technologie, von Videorecordern über Computer bis hin zu Gameboys und CD-Springfluten in den Kinderzimmern.

Die Kids akzeptieren diese virtuelle Welt als ihre Wirklichkeit. Sie lassen sich nur allzugern von der Realität ablenken. Und solange sie die VIVA-News für die Nachrichten halten, ist auch die Welt der Alten und Besitzstandswahrer in Ordnung. Bis die junge Generation merkt, wie weit ihre Lebenswirklichkeit von den Glitzerwelten ihrer Medien entfernt ist, haben die Älteren und ihre Finanziers ihre Schäfchen längst im trockenen – vor allem wohl im Ausland.

Die Trends der Musik- und Videoszene sind nicht originär in der Jugendszene gewachsen und gereift, sondern sie werden von bezahlten Spähern großer Mega-Konzerne, sogenannten Trüffelschweinen, mit untrüglichem Profitgespür als zarte Pflänzchen von der Straße gepflückt und in Windeseile zur Marktreife gebracht, um dann mit großem Werbeetat gezielt plaziert zu werden. Der schnelle Rhythmus wechselnder Trends führt zu einer Inflation an gleichzeitig präsenten Stilen und Richtungen. Das heizt den Konsum an. Ob in der Mode, der Musik- oder Filmszene: Diese Generation hat keine wirklich gemeinsame Artikulationsform, keine gemeinsame Sprache, keine gemeinsamen Empfindungswelten, keine annähernd gemeinsame Einstellung zu Sexualität und Erotik. Jeder spielt eine andere Partitur, das Konzert ist unüberhörbar schräg und schrill. Eine hektische Kakophonie.

Die Liberalisierungwelle der sechziger und siebziger Jahre mit Pillengeneration und Hippiekultur, die Beatlemania und der provozierende Vokalsex der Rolling Stones war noch getragen von einer breiten Bewegung innerhalb einer Generation. Die Stars waren Teil dieser Bewegung, wandlungs- und entwicklungsfähig und dadurch auch beständig. Mit ihren Revivals verdienen sie sich bis heute eine goldene Nase.

Im Gegensatz zu diesen teilweise charismatischen Persönlichkeiten wirken viele der heutigen Idole der Kids wie Kunstprodukte. Jederzeit austauschbar. Wild umherfuchtelnde Knäblein und kaum ausgewachsene, dramatisch ausstaffierte Mini-Vamps auf der Suche nach Akklamation.

Der Hang zu egomaner Selbstinszenierung insbesondere bei den männlichen Exemplaren der Gattung «Showstar» ist schon auffällig und wird offensiv eingesetzt. Aggressive Sexualität und das Wechselspiel von Nähe und Distanz, ohne konkrete Kontaktaufnahme, ist Teil dieser Inszenierung. Unnahbarkeit ist ein ausgeprägtes Merkmal solcher Szene-Ikonen, Fraternisierungen mit dem Publikum sind nicht vorgesehen.

Die Erotik ist egozentriert und unterkühlt. Sie braucht kein gegengeschlechtliches Pendant in der Wirklichkeit. Den jungen (zumeist) Mädchen bleibt nur die Rolle der ergebenen Bewunderung und offenen Verzückung. Als Kulisse sind sie gerade noch willkommen, ansonsten wird jeder direkte Kontakt zum anderen Geschlecht von geschickten PR-Strategen peinlichst vermieden. Der Kult lebt von der Unwirklichkeit, dem Unvollziehbaren, der lediglich angedeuteten – distanzierten – körperlichen Nähe. Je ferner und unerreichbarer das Idol, um so intensiver die Sehnsucht. Erst wenn sich kreischende Mädchenhorden um ihre Ikonen versammeln und in Tränen auflösen, ist der Szeneolymp für diese Helden einer Jugendgeneration bestiegen.

Die aggressive, mechanische Sexualität, mit der sie ihre Ware verkaufen, wirkt roboterhaft und seelenlos. Aber die Kommerzerotik trifft auf eine Jugend, die das Angebot gedankenlos konsumiert wie Kartoffelchips. Schnell, hektisch und letztlich teilnahmslos. Ohne Gefühl und Sinnlichkeit. Viele «beamen» sich mit Musik und Filmen in Idealisierungen ihrer selbst, stimulieren sich teilweise zusätzlich über angstlösende Drogen und stürzen anschließend aus dieser Ego-Hypertrophie in einen ernüchternden Alltag. Und je weniger sie sich der Realität entziehen können, um so stärker wird die Sehnsucht nach diesen – wenigstens temporären – Scheinwelten.

Die Kids lassen sich via Medien wie auf Knopfdruck auf- und abreizen, wie es den erwachsenen Zeremonienmeistern beliebt, bevor sie anschließend wieder zurück in ihre Beziehungs- und Sexualitätsängste fallen, die sie mit den klassischen Rollenklischees kompensieren. Ganz hausbacken, wie ehedem – da sind sie ganz bürgerlich. Mit Macho-Allüren und weiblichen Devotismen. Aber es sind Rollen ohne entsprechende Vita. Hüllen ohne Kern. Gerade deshalb müssen sie wahrscheinlich so ostentativ mit inhaltsleerer Phraseologie gestützt werden, mit Brutalo-Sprache und femininer Koketterie.

Man mag es manchmal gar nicht mit ansehen. Aber Eltern müssen ja auch nicht alles verstehen, geschweige denn goutieren. Jede Generation entwickelt ihre eigenen Spielregeln und pubertären Balzrituale. Aber befremden, das darf es eine «68er-Mutter», Jahrgang 50, die die Schattenseiten der «Gleichberechtigung» im Spagat zwischen Beruf und Kindererziehung durchaus, nein: unentwegt durchlebt hat, schon noch.

Die Kinder und Jugendlichen von heute spielen ihre Rollen mit großer Anpassungsfähigkeit, aber auch unter enormem Anpassungsdruck. Daran hat sich im Verlaufe der letzten Jahrzehnte sicher nicht viel geändert. Doch dahinter stehen fragile Persönlichkeiten, ganz im krassen Widerspruch zu ihrem kernigen Auftreten. Diesen angeblichen Individualisten und Hedonisten, diesen geschmähten Egoisten, ihnen fehlt der Mut und die Kraft zu wirklicher Individualität.

Dagegen wäre auch gar nichts zu sagen, sofern es sich um eine Art Moratorium handelte, um ein Experimentierstadium auf dem Weg zum Erwachsenwerden. Das Erwachsenendasein wird aber für unsere Kinder ganz anders aussehen, als wir es ihnen vorgelebt haben. Sämtliche sozialen und ökonomischen Koordinaten verändern sich dramatisch, und dies keineswegs zwangsläufig: Wir sind es, die die Bedingungen, den Rahmen, die Abläufe verändern oder solche Veränderungen zumindest zulassen, nicht ohne sie gleichzeitig zu beklagen.

Der soziale Countdown

«There is no such thing like society,
there are only individuals.»
(Margaret Thatcher)

Es riecht nach offenem Konflikt: zwischen Jungen und Alten, zwischen Erwerbstätigen und Wohlfahrtsempfängern, zwischen Chancenlosen und Überversorgten. Die Harmoniegesellschaften – speziell in Deutschland, aber auch weltweit – werden dem zunehmenden Druck nicht mehr lange standhalten können. Da ist sich die Bundestagsvizepräsidentin Antje Vollmer sogar mit dem Chefvolkswirt der Deutschen Bank, Norbert Walter, einig: «Hier fliegen demnächst die Fetzen.»

Wir in Deutschland haben es vorgezogen, schon viel zu lange und viel zu üppig in die Wohlbefindlichkeit der alten Wählermehrheiten zu investieren statt in die Zukunftssicherung für die junge erwerbstätige Generation und die Jugend. Daß dies von politischer Brisanz ist, wird – immerhin – langsam zur Kenntnis genommen. So gab Bundespräsident Roman Herzog in einem *Spiegel*-Gespräch im November 1996 seiner «Bekümmerung» Ausdruck, «daß unsere Wählerschaft immer älter wird. Darunter könnte der überfällige Reformschub leiden», denn «unsere ganzen Systeme, auch unsere sozialen Systeme, müssen grundsätzlich erneuert werden». Bedenkt man, daß nur etwa 2,5 Millionen Wahlberechtigten unter 21 Jahren fast 17 Millionen Wähler und Wählerinnen über 60 und knapp 22 Millionen Wahlberechtigte zwischen 40 und 60 Jahren gegenüberstehen, kann man des Bundespräsidenten «Bekümmerung» nur teilen.

Schlüsselt man die Ausgaben des Bundes einmal nach Generationen auf, gehen direkt oder indirekt mehr als 50 Prozent des Sozialleistungsetats für die Pensions- und Renten-, Kranken-, Pflege- und Sozialversorgung der über Fünfzigjährigen drauf. Von den 1106 Milliarden DM (in Worten: eintausendeinhundertundsechs), die im Jahre 1994 für soziale Leistungen ausgegeben wurden, entfielen 39,2 Prozent auf die Kategorie «Alte und Hinterbliebene» und 33,7 Prozent auf den Posten «Gesundheit» (gegenüber 12 Prozent «Ehe und Familie» und 11,3 Prozent «Beschäftigung»). Und auch bei der Vergabe öffentlicher Gelder und staatlicher Subventionen schneiden Seniorenheime und Herzkliniken wesentlich besser ab als Kindergärten, Schulen oder Hochschulen. Von der Investition in zukunftsträchtige Arbeitsplätze ganz zu schweigen. Eine sonderbare Prioritätensetzung für ein Technologie- und Exportland erster Ordnung mit Sozialstaatsgebot und Generationenvertrag.

Diese politische Bevorzugung spezifischer Altersgruppen ist bezeichnend für die Sklerosierung unserer Gesellschaft. Kein Wunder übrigens, daß – nach Auskunft des Vorsitzenden des Kolpingwerks und CDU-Bundestagsabgeordneten Schemken – nur 1,5 Prozent der mehr als 60jährigen, dagegen aber 25 Prozent der Jugendlichen von Sozialhilfe abhängig seien. «Wahlen werden zunehmend in Altenheimen gewonnen», konstatiert Graf Lambsdorff völlig zu Recht, Wirtschaftspolitik wird im Golfklub gemacht und Finanzpolitik nach demoskopischen Umfragen. So gerät Demokratie zur Farce.

Wenn in den Betrieben junge Mitarbeiter mit neuen Ideen

und Verbesserungsvorschlägen als Störenfriede der Betriebsruhe gelten, wenn der «Vertrauensschutz» real nur für die älteren Mitarbeiter und Bürger gilt, wenn Kinder von jungen Erwachsenen nur als persönliche Konsum- und Karrierebremse empfunden werden, wenn Schulen verkommen und die begabten Schüler gleich mit, weil eine systematische Förderung unterbleibt, wenn unsere Eliten in Forschung und Wissenschaft auf Nimmerwiedersehen vertrieben werden, wenn Eigeninitiative im Keim erstickt wird – kurz, wenn alles so bleibt, wie es ist, dann können wir die Hoffnung auf eine erfolgreiche Zukunft begraben.

Die Bedienung von Versorgungsansprüchen auf Kosten von Zukunftsinvestitionen, also die alles dominierende Absicherung des Bestehenden unter Inkaufnahme gravierender Nachteile für die kommenden Generationen, war und ist eine fatale Strategie des politischen Machterhalts. Mit den Stimmen der Alten gewinnt man Wahlen, also müssen sie auch reichlich bedacht werden – auf Bundes-, Landes- und auf kommunaler Ebene. Dann wird eben aus wahltaktischem Kalkül der Seniorenpark errichtet und nicht das kostenlose Internet-Café für die Kids; dann bieten die öffentlichen Verkehrsbetriebe den Senioren eben wesentlich günstigere Tarife als den Schülern; dann wird eben die vermögensschonende Pflegeversicherung trotz weiterer Arbeitskostenbelastung und gegen jeden Verstand durchgeboxt; dann wird eben eine beitrags- und damit lohnnebenkostensenkende Reform der Renten, die die Nettolohnsituation der jüngeren Erwerbstätigen verbessern würde, unerträglich lange vertagt. So einfach ist das. Die Schieflage der Prioritätensetzung in diesem Land hat System. Sie ist nicht das Resultat tagespolitischer Fehlentscheidungen.

Das bleibt nicht ohne Auswirkungen auf das gesellschaftliche Klima: Es weht kein Wind mehr, es perlt nichts Frisches. Man schleppt sich so dahin. Im wohligen Abendrot der Wohlstandsrepublik schleicht eine ehemals hochmotivierte Leistungs- und Innovationsgesellschaft der Rente oder Pension entgegen. Und wir alle schleichen mit, desinteressiert, gleichgültig, auf Distanz bedacht. Und doch brodelt es unter der Oberfläche dieser Glacé-Gesellschaft gewaltig. Die Interessenverbände sind längst in Stellung gegangen, manche davon zum letzten, existenzbestimmenden Gefecht.

Das Nichtstun der Politik zeigt Wirkung. Die Gesellschaft atomisiert. Jeder wurstelt für sich, versucht sich noch schnell die Taschen zu füllen – vor dem großen Knall. Als Demonstration ehemaliger Machtfülle versammeln die großen Verbände und Gewerkschaften noch einmal alle Mühseligen und Beladenen unter ihren Fittichen. In der Hoffnung auf die Wiedergeburt der untergegangenen Solidarität rufen sie zum Kampf. Oft gegen besseres Wissen. Manches wirkt wie präfinales Zucken, die große Konvulsion vor dem Kollaps. Da soll auf der Straße noch einmal zusammenwachsen, was schon lange nicht mehr zusammengehört: die höchst divergierenden Interessen der verschiedenen Einzelgewerkschaften, die mindestens so zerstritten sind wie die rivalisierenden Arbeitgeberverbände; die Feministinnen und die Familienmütter, die sich untereinander noch weniger grün sind als Männer und Frauen; die Arbeitsplatzbesitzer und die Arbeitslosen, die sich nun plötzlich die Stücke vom schrumpfenden Kuchen teilen sollen, nachdem sie jahrelang nicht gemeinsam vertreten wurden; die Rentner und die Sozialhilfeempfänger, zwei höchst inhomogene Gruppen, die rein gar nichts verbindet außer ihrer Abhängigkeit von der Erwerbstätigengeneration.

Sie alle marschieren zusammen – wer weiß wohin. In eine andere Republik? Gar in eine seriös finanzierte? Schön wär's. Vielleicht aber auch genau in jene, vor der sie sich so heftig fürchten und die möglicherweise um so schneller entsteht, je länger betriebsblinde Proteste die notwendigen Reformen verhindern. Dabei protestiert eigentlich jede Gruppe innerhalb des Konvois für oder gegen etwas anderes. Oft schließt der Forderungskatalog der einen die teilweise berechtigten Anliegen der anderen geradezu aus. Viele Abstrusitäten unseres Sozialsystems sind den meisten Protestlern überhaupt nicht geläufig. Sie laufen den plakatierten Parolen hinterher und sind sich noch nicht bewußt, daß nur einschneidende Korrekturen ihre persönliche Situation auf Dauer verbessern können.

Sie marschieren gemeinsam, wenn auch jeder gegen etwas anderes. Alle zusammen aber demonstrieren sie gegen «Ungerechtigkeit und Sozialabbau». Dabei sind viele, die lautstark Gerechtigkeit einklagen, Teilhaber und Nutznießer eines höchst ungerechten Systems. Wollen die Rentner und Frühpensionäre wirklich nicht sehen, daß ein «Weniger» an überprotektionistischem und unfinanzierbarem Sozialen auch für ihre Zukunft, vor allem aber für die Zukunft ihrer Kinder und Enkel gerechter wäre? Wohlgemerkt: Ich ziele auf die Ausbuchtungen des Systems, nicht auf seine Dellen. Denn es gibt inzwischen nicht nur Einkommensmillionäre unter den «bösen» Arbeitgebern und deren Erben. Auch Gewerkschaftsbosse müssen im Alter keineswegs darben, sowenig wie all die Pensionsmillionäre auf Staatskosten – wenn man deren Altersversorgung aus Steuermitteln auf die Lebenszeit hochrechnet: Menschen, die ihren üppigen Alterswohlstand oft parteipolitischem Klüngel und bürokratischem Postenschacher verdanken. Ganz still und leise, ganz unauffällig. Seien es ausgemusterte Diplomaten, Landesbankfürsten, wegen Unfähigkeit geschaßte Staatssekretäre und andere öffentlich-rechtliche Würdenträger oder seien es Kontrolleure der Sozialkassen und -versicherungen, provinzielle Politmatadore mit wenigen Lebensjahren Tätigkeit für das Gemeinwesen, aber üppiger Versorgungs- oder Pensionsberechtigung auf Lebenszeit. Zwischen 1982 und Ende 1995 schickte die Regierung beispielsweise 23 beamtete Staatssekretäre (vorzeitig) in den Ruhestand – eine politische Operation, die die Steuerzahler bislang über 16 Millionen DM kostete. Mehrkosten pro Jahr: zwei Millionen. Manche Spitzenverdiener, die als politische Beamte jederzeit entlassen werden können, waren nur ein paar Monate im Amt. Ihnen steht bei «Kündigung» nicht nur ein sattes Übergangsgeld zu, sie beziehen danach drei Jahre lang ihr volles Gehalt, anschließend fünf Jahre lang 75 Prozent und danach, bis zur Pensionsgrenze, 35 Prozent des Aktivengehalts (das sind bei rund 14000 DM immer noch knapp 5000 DM als Zubrot).

Wollen die Arbeitslosen und Sozialhilfeempfänger wirklich nicht wahrhaben, daß Zielgenauigkeit und echte Bedarfsprüfung bei solidarischen Leistungen gerechter sind als das Gießkannenprinzip? Wollen die Krankenversicherten wirklich nicht zur Kenntnis nehmen, daß Leistungskürzungen bei unsinnigen Maßnahmen des Sozialstaates unumgänglich sind – auch in ihrem eigenen Interesse; weil sonst die Lohnnebenkosten gänzlich aus dem Ruder laufen und den Erwerbstätigen immer weniger Nettolohn zum Leben bleibt? Ist dem öffentlichen Dienst und dem Berufsbeamtentum wirklich nicht zuzumuten, daß Leistungsanreize und -nachweise eingefordert werden müssen, um der wuchernden Bürokratie und dem gespenstischen Schlendrian in deutschen Amtsstuben ein Ende zu bereiten? Kann man all dies hierzulande nicht mehr seriös diskutieren?

Im Sommer 1996, beim Protestmarsch am 15. Juni auf Bonn, offensichtlich noch nicht. Eine bittere Erkenntnis. Der von den Verbänden und der Opposition durchaus erwünschte «Druck der Straße» darf von der Gegenseite nicht einmal beim Namen genannt werden – schon steht für die notorischen Sparreformen-Verweigerer das demokratisch legitimierte Demonstrationsrecht in Frage. Als ginge es um solche rhetorischen Spitzfindigkeiten.

Um nicht mißverstanden zu werden: Sachbezogener Protest und Demonstrationen der Bürger gegen Unzumutbarkeiten gehören zum Demokratieprinzip. Aber es wäre schon ganz hilfreich und würde dem Protest überhaupt erst einen Sinn und einen Adressaten geben, wenn erkennbar wäre, gegen wen oder was und wofür im einzelnen demonstriert wird; wie es zu dieser vertrackten Lage gekommen ist, wer dafür in Regierung *und* Opposition verantwortlich ist; wer die erhobenen und plakatierten Forderungen mit welchem Geld aus welchen Taschen erfüllen soll und wie lange.

Nochmals: Bürgerkontrolle, die öffentliche Artikulation von Wünschen und Forderungen, auch Proteste sind in einer Demokratie nicht nur berechtigt und rechtens, sondern notwendig. Damit sie aber zum Erfolg führen und nicht etwa in Randale münden, erwarte ich mehr Offenheit, Klarheit, Wahrhaftigkeit und Differenziertheit in der Berichterstattung. Nun sind jedoch die komplizierten Zusammenhänge oder die finanziellen Taschenspielertricks der Sozialstaatsjongleure für die meisten Bürger und Demonstranten kaum noch zu durchschauen. Ihr Zorn gilt daher dem Staat schlechthin, seinen regierenden Exponenten – zu einem nicht unerheblichen Teil ja auch zu Recht. Daß aber auch die Opposition in vielen Bereichen Verantwortung für das bestehende Desaster der Bundes- und Länderfinanzen mitzutragen hat, ist den wenigsten klar; viele fatale Gesetze haben die Oppositionspolitiker in Bundestag und Bundesrat freundlich durchgewunken oder lautlos passieren lassen. Ebensowenig ist die sträfliche Politik der Tarifpartner – Gewerkschaften und private wie öffentliche Arbeitgeber – bekannt, die über Jahre in trauter Einigkeit die Arbeitskosten und speziell die Lohnzusatzkosten bis zur Konkurrenzunfähigkeit in die Höhe geschraubt haben. Zusammen mit den jahrelangen Aufwertungstendenzen der Mark und der Zinspolitik haben sie den Arbeitsplatzexport beschleunigt und potentielle Investoren verscheucht. Der Protest der jungen Arbeitssuchenden und Arbeitslosen sollte sich folgerichtig auch gegen diese Verantwortlichen wenden. Soviel Wahrheit und Seriosität muß sein.

Und auch die Bürger selbst, wir alle, haben dieses System überfordert, individuell und kollektiv: durch großzügige Interpretation von Verordnungen und Gesetzen im Steuer- und Sozialrecht, durch beliebiges Ausschöpfen sozialstaatlicher Segnungen, manchmal auch durch cleveren Beschiß. Sei's drum. In dubio pro reo: Nicht die Menschen sind schlecht, sondern die Gesetze, sofern sie so viel Interpretationsspielraum lassen, daß sie zum Mißbrauch geradezu einladen. Und dennoch: Jetzt mit dem Finger nur in eine Richtung zu zeigen, ist schlichtweg unlauter. Das haben alle gemeinsam verbockt. Nun müssen wir die Misere auch gemeinsam beheben!

Wahr ist aber auch: Der Fisch stinkt vom Kopf. Die politische Führung konnte nicht überzeugen. Und eine echte Alternative war nicht erkennbar – nicht wirklich, nicht mit einem zügig realisierbaren, seriös finanzierten Gegenprogramm bei gleichzeitiger – schmerzhafter – Strukturreform. Im Gegenteil: Instinktlos setzten die Bundespolitiker beider Großparteien fatale Zeichen. Der Versuch einer eiligen Diäten- und Pensionserhöhung vor der großen allgemeinen Sparorgie hätte geschmackloser nicht inszeniert werden können. Unter Aufwendung der letzten öffentlichen Widerstandsreserven und nur auf massiven Druck konnte diese schamlose Selbstbedienung (vor allem bei der üppigen Altersversorgung) aus spärlich tröpfelnden Steuereinnahmen wenigstens vorübergehend verschoben werden. Aber eben nur auf Druck der aufgeschreckten Medien und der Basis, nicht etwa aus Einsicht und Vernunft der Verantwortlichen in den Parlamenten. Unsere Volksvertreter haben offensichtlich längst die Bodenhaftung verloren.

Politikrituale

> «Moral? We ought to, but we don't.»
> *(Kurt Tucholsky)*

Die Politik in unserem Land ergeht sich allzusehr in ritualisierter Demokratie. Wie sagte Erich Kästner so schön: «Das, was man tut, sind selten Taten, das, was man tut, ist meistens Tuerei.» Ständig auf der Suche nach gratismutigen Gesetzen, für die sich wenigstens noch der kleinste gemeinsame Nenner finden läßt, bleiben die großen systemkorrigierenden Projekte viel zu lange liegen. Mit jedem vergeudeten Tag aber verschärfen sich die Probleme. Vieles scheint schon heute unwiderruflich entglitten. Zu lange haben sich die Politiker aller Parteien mit kosmetisch geschönten Arbeitslosenstatistiken und mit «kreativer» Buchführung selbst betrogen und sich von den «Mundschenken der Macht» die passenden Daten liefern lassen – auf der Basis längst überholter Zahlen und falscher Prämissen wie etwa der abstrusen Annahme einer gleichbleibenden Zahl von Beitragseinzahlern in die Rentenversicherung oder den fatalen Fehleinschätzungen der Arbeitslosenzahlen und des Bruttoinlandsproduktes. Schon heute versorgen nur noch 34,5 Millionen Erwerbstätige (darunter gerade einmal 27,6 Millionen sozialversicherungspflichtige Beschäftigte) über 81 Millionen Menschen. Und es werden täglich weniger.

Die knappen Mehrheiten im Parlament führen zu faulen Kompromissen, die komplizierten Verfahren der Gesetzgebung zu unerträglichen Verwässerungen und Zeitverzögerungen. Wir taktieren uns noch ins Abseits. Der große, in gemeinsamer Verantwortung getragene Konsens ist derzeit jedenfalls nicht zu erwarten. Klein-klein wird weiter gezockt und gepokert, werden die gigantischen Probleme, die vor uns liegen, durch albernes Parteiengezänk verschleppt. Das Land wird derweil unregierbar – egal für wen. Bis die Politik handelt, haben die Menschen und die realen Mächte, Industrie, Banken und die internationalen Investoren, längst Fakten geschaffen: mit Kapitalexport, Arbeitsplatzvernichtung, Schattenwirtschaft, Schwarzarbeit.

Hauptleidtragende der selbstverschuldeten Probleme sind die nachfolgenden Generationen. Unsere Jugend macht diese Erfahrung schon heute ganz konkret. Der Lehrstellenmangel, die *reale* Jugendarbeitslosigkeit, die weit über der in der offiziellen Statistik registrierten anzusiedeln ist, selbst die «Schwemme» unvermittelbarer Akademiker stellen der Politik ein schlechtes Zeugnis aus. Jungen Menschen trotz Engagement keine seriöse Chance und Perspektive bieten zu können, das ist ein Armutszeugnis für die Republik. Bei aller Kritik an einzelnen Jugendlichen: Sie sind nicht zu beneiden. Selbst die Hochmotivierten und bestens Ausgebildeten starten mit Bleiwesten beschwert und bergauf; die weniger Motivierten oder weniger gut Ausgebildeten kommen nicht einmal mehr aus den Startblöcken heraus. Schon heute sind 30 Prozent aller Empfänger von Sozialhilfe Jugendliche.

Unsere Jugend ist ganz offensichtlich politisch schlecht vertreten. Das ist auch kein Wunder. Gewählt werden unsere politischen Repräsentanten vor allem vom «Mittelalter» und den Alten. Deren Interessen müssen sie vertreten, sonst werden sie schon in den eigenen Gremien nicht wiedergewählt. Und überhaupt: Die verhältnismäßig junge Optik des Parlamentes täuscht. Denn auch die Parteien, vor allem SPD und CDU, kranken an foudroyanter Vergreisung – nicht nur die Wählermehrheiten insgesamt. Die «Correga-Tabs-Fraktionen» im Deutschen Bundestag haben mittlerweile ein Durchschnittsalter von 49,3 Jahren: Nur fünf von insgesamt 672 Parlamentariern sind unter dreißig, nur sechs der 252 SPD-Abgeordneten unter vierzig, bei der anderen Volkspartei, der CDU, sieht es nicht wesentlich anders aus. Ob der von der SPD Ende November 1996 in Köln veranstaltete «Jugendparteitag» den Trend auch nur stoppen kann, bleibt abzuwarten. Derzeit sind von den rund 800000 SPD-Mitgliedern jedenfalls weniger als ein Achtel unter 35 Jahre alt. Eine beschämende Minderheit.

Wir müssen die Jugend wieder stärker einbinden, sonst sind wir verloren. Dahinter haben Gruppeninteressen zurückzustehen. Das gilt für Parteien ebenso wie für Gewerkschaften und Arbeitgeber, allerdings auch für die zunehmend zu Larmoyanz und Bequemlichkeit neigenden Bürger. Ein Volk, das 70 Milliarden DM pro Jahr für Auslandsreisen übrig hat, kann sich doch wohl den Kuraufenthalt anders finanzieren als über eine Solidarversicherung allein auf dem Rücken der abhängig Beschäftigten. Es geht nur gemeinsam, oder es geht gar nicht. Mit schmerzlosen Kleinstkorrekturen und Marginalveränderungen läßt sich das Ruder nicht herumreißen – wenngleich jeder zarte Anfang schon mehr ist als alles in den Jahrzehnten zuvor. Wenn uns aber auf Dauer die Kraft zu großen gemeinsamen Reformen fehlt, können wir einpacken.

Die Regierung wird weiter regieren und die Opposition weiter opponieren, wie gehabt, nach dem gewohnten Zeremoniell. Aber die Menschen werden reagieren. Wenn die Politik sich nicht mehr zeitgerecht um die realen Nöte der Menschen kümmert, kümmern sich die Menschen irgendwann nicht mehr um die Politik. Enttäuscht, resigniert, verbittert. Das geht ganz still und leise vor sich, auch ohne die große Revolution. Aber auch durch innere Verweigerung und existenzrettenden Egoismus wird eine Demokratie, ein Gemeinwesen ausgehöhlt. Dann handelt jeder nur noch selbstbezogen, mit schwindender Rücksicht auf andere, am Rande der Legalität oder darüber hinaus: Tauschhandel,

Vermögensverschleierung und -verschiebung, forcierter Steuerbetrug und immer raffiniertere Wirtschaftskriminalität. Das gilt vor allem für jene, die noch aktiv ins Geschehen eingreifen und mit vorhandenem Kapital weltweit jonglieren können. Den kürzeren ziehen mit Sicherheit die Schwachen, Hilfsbedürftigen, Hochbetagten – sowie die Kinder und ihre Mütter. Wenn wir darauf hinsteuern, hätte die Demokratie versagt. Dann wird es kalt in diesem Land. Dann hilft auch kein Generationenvertragsgesülze und keine Gewerkschaftsprosa mehr, auch kein Sozialstaatsgesäusel auf Parteitagen. Wenn Politik endgültig das Vertrauen seiner Bürger verliert, sind all die komplizierten Regelwerke das Papier nicht wert, auf dem sie gedruckt sind.

Die Jugend wird sich den aufgebürdeten Verpflichtungen entziehen. Was soll sie denn auch machen? Viele werden erst gar nicht in die Verlegenheit kommen, mit ihren Beiträgen und Steuern aus Arbeitseinkommen die Rundumversorgung der Älteren zu übernehmen. Wo nichts ist, hat der Kaiser sein Recht verloren. Immer mehr Junge entgehen schon heute mit Scheinselbständigkeit, Scheinstudium oder Job-Hopping der Sozialversicherungspflicht. Andere Tätigkeiten werden ihnen auch kaum noch angeboten. Viele junge Jobsuchende finden sich schon heute mit Arbeit zu fast jedem Preis und ohne Zukunftssicherung ab. Andere werden das Weite suchen; «auswandern» nannte man das früher. Wenn es in Deutschland keine Arbeit für sie gibt und keine Zukunftsperspektive, dann werden sie dorthin gehen, wo sie gebraucht werden: vielleicht als Zeitarbeiter nach England oder Neuseeland oder in die boomenden Pufferstaaten Osteuropas, vielleicht nach Asien oder Südamerika. Sie werden dort auf harte, hochmotivierte Konkurrenz treffen, aber immerhin um etwas konkurrieren können. Allein in China drängen jedes Jahr 30 Millionen willige Arbeitssuchende auf den Arbeitsmarkt; im Osten Europas sieht es nicht wesentlich anders aus. Rosige Zeiten für global player. Die multinationalen Konzerne ohne Standortfixierung haben die freie Auswahl. «Arbeitsmaterial» en masse.

Nation in Moll

> «Der Mensch ist gut, die Leut' sind ein Gesindel»
> *(Nestroy)*

Unser Sozialstaatsmodell basiert auf stetig wachsenden Verteilungsspielräumen. Es war immer parastaatlich organisiert, nichts Originäres, kein verinnerlichtes Gedankengut. Es war nicht das kulturelle Credo einer Hochkultur, sondern deutsch organisiertes Verwaltungskonstrukt: Beiträge gegen Ansprüche. Keine weiteren Fragen. Kaum ein Bürger weiß, wieviel ihm exakt im Monat abgezogen wird, und keiner weiß, wie die erwarteten Leistungen und Summen zustande kommen. So ist es halt, «das steht einem ja zu», schwarz auf weiß – egal, wo es herkommen soll.

Unser «Soziales» war immer eine Art Wurmfortsatz des Wohlstands. Der Staat, die Politik verteilte gönnerhaft und nach Gutdünken, was sie vorher einbehalten, teilweise sogar «geraubt» hatten. Wir haben den Sozialgedanken, seine Philosophie, nicht wirklich verinnerlicht, wir haben den Sozialstaat und seine Segnungen individuell konsumiert wie alles andere.

Denken wir das Ganze einmal zu Ende: Plötzlich steht diese anspruchsvolle Greisenrepublik auf dem Schlauch. Der Generationenvertrag platzt, weil sich die Bedingungen, unter denen der Vertrag geschlossen worden war, dramatisch verändert haben und *ein* Vertragspartner zahlungsunfähig wird. Schon bald werden die Hochbetagten, die Schwerkranken, die wirklich Schwachen allein dastehen, mit ihren unerfüllbaren Ansprüchen und den zurückgebliebenen Resten einer ehemals hoffnungsvollen Generation. Die mobilen Eliten und das mobile Kapital haben das Weite gesucht, die anpassungsfähigen Realisten ebenfalls. Zurück bleiben die Realitätsverweigerer und die notorischen Anspruchnehmer, der Verwaltungsapparat und das aufgeblähte Beamtentum sowie die große Schar der Chancenlosen und Besitzlosen.

Ich hoffe sehr, daß der reale Trend nicht in dem eben skizzierten Szenario enden wird. Noch ist es nicht ganz soweit – obwohl beispielsweise ein Zusammenschluß von jungen SPD-Abgeordneten im Bundestag und in den Länderparlamenten («SPD 2000 plus») schon heute erklärt: «Wir kündigen den Generationenvertrag auf, weil er leider schon längst nicht mehr eingehalten wird.» Jetzt in der Krise wird der Sozialstaat beweisen müssen, wie gehaltvoll er wirklich ist. Ich bin gespannt, ob er die Belastungsprobe besteht. Nicht als starre, abstrakte Ideologie mit formalistischen Vorgaben, sondern als wandelbarer Grundkonsens und demokratisch legitimiert.

In der Verantwortung für die Jugend und die Zukunft unserer Kinder liegt unsere wirkliche Chance zur Erneuerung: zu neuer realistischer Prioritätensetzung, zu seriöser, bedarfsorientierter Sozialpolitik, zu zukunftsträchtiger Arbeitsmarktpolitik, zu einer überfälligen Steuerreform, zu gerechter Chancenverteilung zwischen Jung und Alt, zwischen Etablierten und Chancenlosen. Die Karten müssen jetzt neu gemischt werden. Wer sich diesem Anfang verweigert, hat schon verloren, noch bevor der Startschuß gefallen ist. Wer jetzt keine realistischen neuen Konzepte entwickelt oder mitentwickelt, wer weiterhin die Fakten leugnet, wird bald von den Ereignissen überrollt. Wir sind dem Crashpunkt näher als wir glauben. Wir sind mitten drin in einer sozialen Revolution – national, europäisch, weltweit, mit gigantischen Wohlstands- und Vermögensverschiebungen.

Wer nur auf die Politik wartet, ist angeschmiert. Das gilt besonders für die Jugend. Wir alle müssen lernen, unser Schicksal auch wieder partiell selbst in die Hand zu nehmen. Statt aber die Krise als Chance zu begreifen, ergeht man sich landauf, landab immer noch in larmoyantem Gejammere. Verbände und Gewerkschaften, Parteipolitiker und ihre Hofschranzen bei den Medien überbieten sich in Wehgeklage. Doch Analyse ist jetzt notwendig, und zwar schonungslos. Sie ist unabdingbar, um den Handlungsdruck zu verdeutlichen. Denn Handeln ist angesagt, so schnell wie möglich, politisch und individuell.

Statt dessen richten sich viele wieder in den alten Frontlinien ein und schlagen die alten rhetorischen Schlachten. Déjà-vu-Debatten ohne Ende! Fernab von der veränderten Realität stehen sich die alten Recken wie ehedem gegenüber. Obwohl man sich eigentlich satt hat und die bewährten Strategien und Argumente längst auswendig kennt. Wenn dieses gestrige Gehabe nicht aufhört, läuft alles auf eine Eskalation hinaus.

Wie lange wollen wir noch diese Nation in Moll? Mutlos,

resigniert, siech? Von wem oder woher könnte der andere Impuls kommen? Zupackender Realismus wäre das mindeste, Optimismus scheint mir schon zuviel verlangt. Ein solcher Realismus ist aber sicher nicht aus den besitzstandsklammernden Seniorenverbänden, aus einer routineerschöpften Politikerkaste, aus den erstarrten Verwaltungen und Lobbyistenorganisationen zu erwarten. Jedenfalls nicht aus der Funktionärsriege; da ist die Basis längst viel weiter.

Unbequeme, aber notwendige Politik wird erst durchsetzbar, wenn ein Bewußtseinswandel in der Öffentlichkeit stattgefunden hat. Hier stehen wir erst am Anfang. Wenn aber nicht weiterhin – aus Angst vor verprellten Wählergruppen – wichtige Reformvorhaben unterbleiben sollen, dann müssen jetzt alle Karten auf den Tisch, auch das denkbar schlechte Blatt, das die Jugend in Händen hält. Vertrauensschutz muß es auch für die Jugend geben, nicht nur für die Altvorderen. Das berechtigte Vertrauen der Jungen auf eine Zukunft mit realistischen Chancen, auf eine Zukunft, in der sich persönliches Engagement und Leistungsbereitschaft lohnen, darf nicht enttäuscht werden. Insofern sind wir aufgefordert, das Bestehende in Frage zu stellen – bis hin zum Grundgesetz. Daß «Vertrauenschutz» und Bestandsgarantien nur für die Älteren gelten sollen, ist mit dem Gleichheitsgebot der Verfassung nur schwer in Einklang zu bringen. Ich bin zwar keine Juristin, meine aber, daß es mehr als angebracht wäre, hier eine Art «Rückbindungsprinzip» einzuführen und an neu zu definierende, streng geregelte verfassungsrechtliche Kriterien zu koppeln. Jede Verteilungsentscheidung muß in ihren Konsequenzen auf die verschiedenen Generationen geprüft und an die tatsächlich vorhandenen Mittel und Ressourcen angebunden werden. Das kann und wird im Einzelfall dazu führen, daß ein bestimmtes – versprochenes – Leistungsniveau gesenkt wird. Ein solches «Verschlechterungsprinzip» (Verböserungsprinzip) ist beispielsweise im Verwaltungs- und Steuerrecht durchaus bekannt. «Verböserungsprinzip»: ein treffender Name.

Vor allem müssen wir alle uns abgewöhnen, bei jeder Friktion den Staat anzurufen oder staatliche Leistungen einzufordern. Für vieles können und müssen wir selbst sorgen: private Vermögens- und damit Chancentransfers zwischen den Generationen (von Alt nach Jung), leistungsfördernde Erziehung in- und außerhalb der Schulen, Etablierung privater Stiftungen, wo der Staat überfordert ist, und seriöse Information durch die Medien statt der Gier nach unpolitischer Sensationsdramatik. Kurz, wir müssen die individuellen Ressourcen aktivieren bzw. reaktivieren – vor Ort und nicht zentralistisch. Dazu ist ein gigantischer Kapital- und Chancentransfer in Richtung Jugend, Familien mit Kindern und junger Erwerbstätiger nötig. Eines der vermögendsten Länder der Erde sollte dazu fähig sein.

Contra familiam

> «Heirate oder heirate nicht.
> Du wirst beides bereuen.»
> *(Immanuel Kant)*

Wie aber steht es um die viel beschworene Kinderfreundlichkeit? Wie ist es um die reale Familienpolitik in einem Land bestellt, in dem der Altersdurchschnitt der Bevölkerung rapide steigt? Welchen Wert und welche Anerkennung genießt die «Erziehungsarbeit»? In der Beantwortung dieser Fragen läßt sich die Zukunftsfähigkeit unserer Gesellschaft ermessen.

Ehe, Familie: welche Bedeutung haben diese Begriffe für unsere Jugend? Sind das wirklich die Lebensmodelle, die junge Menschen aus freien Stücken anstreben? Liebe wollen sie, ja, fast wieder romantisch. Treue? Na ja, eigentlich schon, theoretisch zumindest, und im Zeitalter von Aids bietet dieses Disziplinierungsinstrument auch guten Schutz gegen Anflüge von Flatterhaftigkeit und Promiskuität. Aber Ehe oder gar Familie, das wird, wenn überhaupt, erst für sehr viel später in Erwägung gezogen, wenn beruflich alles soweit geregelt ist.

Mehr als 81 Millionen Einwohner bevölkern mittlerweile die erschlaffende Powerrepublik Deutschland. Der Anteil der älteren Bevölkerung wächst dabei unaufhörlich. Kinder werden zur Rarität. Die «familia domestica communis», die gemeine Hausfamilie, gerät zahlenmäßig ins Hintertreffen und damit aus der Zieloptik der Politik. Familien- oder Lebensgemeinschaften mit Kindern gehören ganz eindeutig zu den Verlierern der letzten Jahrzehnte. Sie wurden immer mehr in die Rolle der zwangsverpflichteten Zahlmeister einer vergreisenden Hedonistengesellschaft gedrängt.

Familienverbände beklagen seit Jahren die Benachteiligung von Familien mit Kindern gegenüber kinderlosen Paaren und Single-Haushalten. Schon in wenigen Jahrzehnten wird ein Familienvater als Alleinverdiener, sofern er überhaupt eine Arbeit hat, nicht nur sich, seine Frau und die Kinder, die nicht ins Arbeitsleben finden, durchbringen müssen, sondern – statistisch gesehen – auch einen Rentner. Also de facto ein Verhältnis von 1 : 3 oder 1 : 4 und nicht nur von 1 : 1, wie allerorts drohend beschworen. Von den konkreten, wachsenden Subsidiaritätsverpflichtungen gegenüber Eltern und Schwiegereltern im Pflegefall gar nicht zu reden.

Immer weniger Junge und Aktive können aber die Anforderungen der alten und passiven Mehrheiten nicht länger erfüllen und die Folgen zerfallender Sozialstrukturen nicht auffangen. Das Auffangbecken «Familie», in deren Namen vor allem die selbstlosen, von der Gesellschaft ausgebeuteten Mütter die Kinder umsorgen und Alte pflegen, wird es immer weniger geben. Um so unverständlicher ist, trotz gegenteiliger Bekundung und trotz aller Sonntagsreden auf die Institution Familie und die vielbeschworenen «Familienwerte», die offensichtliche Benachteiligung von Lebensgemeinschaften mit Kindern.

So spricht die Einkommenssituation von Familien mit Kindern im Vergleich zu den Einkommen von Kinderlosen eine deutliche Sprache. Nach Berechnungen des Familienbundes im Erzbistum Freiburg beispielsweise hat ein Single bei einem Durchschnittseinkommen von 60 000 DM pro Jahr nach Abzug von Steuern und Sozialabgaben rund 34 000 DM zur freien Verfügung. Dem Ehepaar mit zwei Kindern läßt der Staat zwar bei gleichem Einkommen und mit Kindergeld rund 46000 DM. Doch davon müssen die Kinderkosten abgezogen werden – das sind nach anerkannten Berechnungen rund 40 Prozent des Nettoeinkommens. So stehen jedem Elternteil am Ende nur noch 13000 DM zur Verfügung.

Kein Wunder also, daß junge Menschen ihren Kinderwunsch und den Zeitpunkt der Realisierung immer weiter hinausschieben. Wenn wir so weitermachen, werden zukünftige Oma- und Opagenerationen in Deutschland ihre Enkelkinder bald wie Pandabären im Zoo bestaunen. Die Fortpflanzung ist zu einem ökonomischen Risiko geworden. Bereits 1993 wuchsen fast eine Million Kinder und Jugendliche in Familien auf, die monatliche Stütze vom Sozialamt erhielten. «Kinder zu haben», urteilte der Berliner Senat 1995 in einem Bericht zur Lage der Familie, «ist in sehr vielen Fällen in Deutschland mit einem wirtschaftlichen und sozialen Abstieg verbunden.» Das gilt längst auch für die Mittelschicht.

Die Familie als «Mama-Papa-Kind-Idylle» vergangener Jahrhunderte entspricht schon lange nicht mehr der gelebten Realität. Der Zerfall der Kernfamilie ist unübersehbar. Nach der Großfamilie steht jetzt auch die Kleinfamilie zur Disposition. Die Normalität des Umgangs der Generationen bleibt dabei auf der Strecke. Die Lebenswelten berühren sich bei vielen in Wahrheit bestenfalls noch im Rahmen von Familienfesten oder Erbschaftsregelungen. Immer aberwitzigere Gesellschaftskonstruktionen müssen gesetzgeberisch etabliert werden, um den Zusammenhalt der Generationen und ein konfliktfreies Zusammenleben zu gewährleisten. An die Stelle der Familienbande treten in der

Realität längst andere Bindungen: zu Freunden, Nachbarn, Kollegen, zu berufsmäßigen Helfern aus sozialen Organisationen. Hierauf hat der Staat noch längst nicht adäquat reagiert. Seine Gesetze greifen ins Leere und regeln oft an der Realität vorbei.

Die Abkehr von den etablierten Lebensformen ist unübersehbar: Jahr für Jahr wird weniger geheiratet und mehr geschieden. Beide Entwicklungen, die untrennbar zusammengehören, belegen den Trend unzweifelhaft. Gab es 1991 rund 454000 Eheschließungen, waren es 1995 rund 24000 weniger. Die Zahl der Scheidungen stieg im selben Zeitraum von 136000 auf 169000. Jede dritte Ehe geht mittlerweile in die Brüche. Allein in Bayern wurden im November 1995 sieben Prozent weniger Ehen geschlossen als im Vorjahr. Und jedes zehnte Kind in Nordrhein-Westfalen kommt mittlerweile nichtehelich zur Welt (vor zwanzig Jahren war es noch jedes 18. Neugeborene). Gleichzeitig steigt die Zahl der Kinder, die zeitweise oder auf Dauer von der Gemeinschaft unterstützt werden: 1965 mußte nur jedes 75. Kind unter sieben Jahren staatlich alimentiert werden, 1994 hängt schon jedes siebte Kind am Tropf der Sozialhilfe.

Daß immer mehr Familien scheitern, liegt sicher auch an überzogenen Erwartungen an die Institution Ehe und einer schwindenden Belastbarkeit der Partner in einer wechselhaften Lebens- und Liebesbeziehung. Auf der Strecke bleiben die Kinder und vor allem ihre meist überforderten Mütter. Als Alleinerziehende – davon ein Drittel als Geschiedene – tragen sie die Hauptlast der zerbrochenen Verbindung, emotional, sozial, ökonomisch, und selbstverständlich auch die Einschränkungen der persönlichen und beruflichen Entwicklungsmöglichkeiten. Unterhaltszahlungen sind aber nur ein schwacher Trost, falls sie überhaupt eintreffen. Die Anzahl der säumigen Zahler belastet zunehmend die öffentlichen Kassen. Immer mehr Väter entziehen sich der Verantwortung für ihren Nachwuchs, erklären sich für zahlungsunfähig und verlassen sich auf den Staat. 1,6 Milliarden DM an Unterhaltskostenvorschuß übernehmen mittlerweile die Steuerzahler. Nur 13 Prozent davon fließen später zurück.

Auch diesen Trend belegt die öffentliche Statistik. Inwieweit die hierbei ausschlaggebenden Fakten, Einkommenserklärungen, Steuerbescheide und Selbstauskünfte der sich verweigernden Väter oder der erziehungsberechtigten Mütter aber der Realität entsprechen, sei dahingestellt. Wie jemand lebt, mit wem, in welcher Lebensgemeinschaft und unter welchen finanziellen Bedingungen, entzieht sich weitgehend der statistischen Datenerfassung. So kann eine arbeitslose Angestellte mit Kind und alimentationsflüchtigem Kindsvater sehr wohl staatliche «Hilfs»leistungen aus allgemeinen Töpfen beziehen, während sie gleichzeitig im S-Klasse-Mercedes ihres steinreichen Lebenspartners morgens Brötchen holen fährt. Die «Staatsknete» wird im beiderseitigen Einverständnis als Zubrot in die Urlaubskasse gesteckt. Ihre «Not» ist relativ, ihre «Bedürftigkeit» in Relation zu echten Notsituationen isolierter Alleinerziehender ein Hohn. Die faktische Lebensrealität bei Sozialleistungen außer Betracht zu lassen, ist eine der Todsünden unserer wohlmeinenden, aber alles nivellierenden Sozialpolitik.

Ob nun verheiratet oder nicht, mit ehelichem oder nichtehelichem Kind: Die konkrete Lebensrealität muß das Kriterium von staatlichen Hilfsangeboten sein, ebenso die vorrangige Einbeziehung der Mitverantwortung von Eltern für ihre Kinder – über die aktuelle Einkommenssituation hinaus. Auch Erbschaften und Rücklagen müssen in kritischen Situationen subsidiär den Kindern zur Verfügung gestellt werden.

Es wäre doch durchaus angemessen und lebensnah, wenn der vermögende Lebens- und Liebespartner, der in Wohngemeinschaft mit einer alleinerziehenden Mutter lebt, anstelle der Sozialkassen die gemeinsamen Lebenshaltungskosten bestreitet. Natürlich nur, wenn der Vater nachweislich zahlungsunfähig ist, die Mutter selbst in der Kleinkindphase ihren Beitrag nicht leisten kann oder will und zu einem späteren Zeitpunkt keine Arbeit findet – worauf sie sich zunehmend einstellen muß. Ist das Selbstverständliche, das Normale schon nicht mehr denkbar?

Was spricht dagegen, wenn ein kinderloser Lebenspartner dem «fremden» Kind seiner Lebenspartnerin seinen Möglichkeiten entsprechend behilflich ist? Geht er doch als Single auch ganz selbstverständlich davon aus, daß im Rahmen des bestehenden Generationenvertrages die Kinder fremder Leute für sein Wohlergehen im Alter aufkommen müssen – indem sie zwangsverpflichtet werden. Ist es dann unlauter, schon heute einen Beitrag zum Heranwachsen dieser Zahlergeneration einzufordern, unabhängig vom Familienstand, einfach aufgrund der Lebensumstände? Ganz konkret und individuell, nicht nur kollektiv über Steuern?

Die von den Frauen und für die Kinder durchgesetzten Formalansprüche an die Zahlväter scheitern doch bekanntermaßen zunehmend an der Realität. Die vor Gericht erstrittenen Unterhaltszahlungen haben oft nur kurze oder gar keine Relevanz. Bei Arbeitslosigkeit oder Sozialhilfebezug des Vaters endet der Anspruch schnell am Existenzminimum. Was «schwarz» nebenbei verdient wird, entzieht sich ohnehin dem Zugriff der Prüfer. Also wird statt des säumigen leiblichen Vaters in echten oder konstruierten Notfällen (für mittlerweile 500000 Kinder in Deutschland) der Vater Staat in die globale Haftung genommen. Ein Mechanismus, der zum Mißbrauch geradezu einlädt.

Zugegeben, die Aufweichung der formalisierten Regelungen würde zunächst einmal sehr viel Konfusion und Rechtsunsicherheit verursachen. Wen wundert's also, daß jeder Ansatz einer lebensnahen Neujustierung von flächendekkendem Gezeter aller Sozialstaatsprofiteure und deren Lobbyisten niedergeschmettert wird. Noch scheitern alle Überlegungen an der Vermengung des juristisch relevanten Eigentumsbegriffs mit dem der Ehe und Familie, insbesondere im Steuer- und Erbschaftsrecht, das die staatlich legitimierten Beziehungsformen eindeutig begünstigt. Und dennoch, der Ansatz der instanzunabhängigen, direkten, individuellen Verantwortlichkeit von Menschen, die zusammenleben, unter Einbeziehung der Lebensrealitäten, muß neu überdacht werden – nicht nur, um Mißbrauch zu verhindern, sondern vor allem im Namen der Kinder.

Gleichwohl kann auch der Mißbrauch zum Problem werden und den Begriff der Notgemeinschaft ad absurdum führen. Angesichts der massiven Zunahme von verantwortungslosen, oft cracksüchtigen Jungmüttern in den Kaputtszenen der USA beispielsweise, die als «Welfare-queens» ein Kind nach dem anderen den sozialen Diensten überlassen, halte ich die zeitliche Befristung sozialer Hilfen für belastbare Bürger für durchaus legitime Ansätze. Die Kinder müssen selbstverständlich von der Gemeinschaft aufgefangen werden. Sie können nichts für ihr Elend, sie trifft keine Schuld. Aber die verantwortungslosen Mütter und Väter dürfen durchaus zur Rechenschaft und Verantwortung gezogen werden. Mehr als heute üblich, je nach Leistungsfähigkeit. Hilfen zu limitieren und an Leistungen für die Gemeinschaft zu koppeln, halte ich für legitim. Soziale Systeme, die Verantwortungslosigkeit und Selbstzerstörung allzu großzügig auffangen, sind kontraproduktiv.

So hart und ernüchternd solche Einschnitte heute auch erscheinen und so schmerzhaft sie individuell auch sein mögen, langfristig kommen Gesellschaften mit wachsendem Verarmungs- und Verelendungspotential an solchen persönlichen Leistungseinforderungen nicht vorbei. Und zwar nicht nur aus Kostengründen, sondern – viel wichtiger – um des Erhalts einer freien und gerechten Gesellschaft willen. Wer Freiheit will, muß Verantwortung übernehmen; wer Gerechtigkeit fordert, muß auch Lasten und Einschränkungen gleich verteilen.

Wer keine Kinder will, hat heute genügend Möglichkeiten, sich vor Nachwuchs zu schützen. Wer aber Kinder in die Welt gesetzt hat, darf sich vor der Sorgepflicht und Verantwortung nicht einfach drücken zu Lasten einer anonymen Zahlergemeinde. Wer es dennoch tut, muß schmerzliche Folgen in Kauf nehmen. Wohlstandsverlust ist noch die harmloseste Variante, die Beschneidung von persönlicher Wohlfahrt oder von Sozialleistungen die effektvollste. Auch Drogensucht oder Alkoholabhängigkeit beispielsweise sollten nur begrenzt vor Haftung schützen. «Krankheit» als Entschuldigung für alles wird in diesem Land allzu großzügig akzeptiert.

So umstritten die Sozialkürzungen in den USA derzeit sind, sie sind meines Erachtens mehr als ein bloßes Sparprogramm, mehr als der Versuch, die Sozialhaushalte zu konsolidieren. Sie demonstrieren das Ende der sozialen Gaukelei, und sie rücken das in Schieflage geratene Koordinatensystem zwischen persönlicher Leistungsbereitschaft und Wohlfahrtsbezug wieder zurecht. Die Vermögensschieflage zwischen Superreichen und Armen, oft zwischen weißen Eliten und schwarzen underdogs, die man aus anderen Gründen anprangern muß, ändert nichts an der Korrekturbedürftigkeit von Sozialdiensten und -leistungen, die das Elend eher perpetuieren als bekämpfen – und ständig neue Generationen von Hilfsbedürftigen hervorbringen. In den USA wie überall. Sozialhilfeempfänger in der dritten Generation sind auch in Deutschland keine Seltenheit.

Die Korrekturen der überbordenden Sozialapparate müssen auch in Deutschland bei den kleinsten Einheiten beginnen: beim Individuum, bei den Ehen und Lebensgemeinschaften, bei den Familien. Allein auf den Staat zu hoffen ist illusionär. Er weiß doch selbst oft nicht mehr, was er tut; das hektische Löcherstopfen in Bonn wird immer kopfloser. Das Individuum und auch die Familie sind ganz wesentliche Instanzen, bei denen eine neue Verantwortlichkeit, ein neuer Realismus, eine neue Hoffnung ansetzen muß. Das geht nicht nur mit Verordnungen und Gesetzen, sondern im Vorfeld vor allem über Hegels «saure Arbeit der Begriffe». Klare Bedarfsdefinitionen und eine seriöse Einschätzung des Effekts von sozialen Hilfen sind überfällig: Wer braucht was, wofür, wie lange?

Ich fürchte, daß erst eine deutliche Ressourcenverknappung den nötigen Reformdruck erzeugen wird. Denn obwohl die Verteilungsspielräume de facto kleiner werden, sind die Sozialkosten während der letzten 15 Jahre in immer schwindelerregendere Höhen geschnellt. Insgesamt 1,106 Billionen DM wurden 1994 für Sozialleistungen aufgewandt. Bei der Regierungsübernahme durch Helmut Kohl im Jahre 1982 gab es in Westdeutschland rund eine Million Sozialhilfeempfänger. 1993 waren es im Westen schon 2,2 Millionen. Mehr als 50 Milliarden DM gab der Staat 1995 für laufende Hilfe zum Lebensunterhalt sowie für Sozialhilfe an Behinderte, Kranke und Alte aus. Mütter, die weitgehend kostenlos Erziehungsarbeit leisten, und Nachbarinnen, die kostenlos Betreuungsdienste übernehmen, müssen sich anläßlich bekannter Verschwendungen und gezielten Mißbrauchs ins Gesicht geschlagen fühlen. Hilfs- und Betreuungsleistungen, die heute unentgeltlich von Freunden, Nachbarn, Kollegen geleistet werden, finden sich in keiner Statistik und auf keiner Gehaltsliste. Aber sie fangen in der Realität viel Elend und Not auf.

Vielleicht muß – den Lebensrealitäten angepaßt – sogar der Familienbegriff erweitert werden, sowohl gesellschaftlich als auch und vor allem in der Sozialpolitik und in der Rechtsprechung (beispielsweise im Erbschafts- und Steuerrecht). Im richtigen Leben umschließt die erweiterte Familie heute schon eigentlich alle, die faktisch die Kinder erziehen oder die Alten versorgen. Von den bezahlten Kräften abgesehen, sind das oft ehrenamtliche Helfer, Nachbarn und Freunde. Jedenfalls nicht unbedingt Verwandte im Sinne der Rechtsprechung. Die Realität hat hier den Rechtsrahmen längst ad absurdum geführt.

Zugegeben, solche Überlegungen könnten – zu Ende gedacht – einen gigantischen Sprengsatz legen. Bedenkt man, welche gravierenden Veränderungen eine Erweiterung des Familienbegriffs und eine Loslösung von den juristisch engen Vorgaben im Erbschaftsrecht, bei der Steuergesetzgebung, im Rentenrecht und bei der Definition von Subsidiarität auslösen würden, wird das Festklammern an den längst überholten Strukturen wider bessere Einsicht zum Teil durchaus verständlich. Wie viele Schwerstpflegebedürftige, Aidskranke und Alte fristen ihr Lebensende jenseits der juristisch relevanten Familienidylle, werden von Nicht-Blutsverwandten liebevoll gepflegt und umsorgt und würden sich folgerichtig – sofern möglich – auch bei denen bedanken wollen, die ihnen in der Not zur Seite standen.

Die wirklichen Helfer und Freunde auch am Erbe partizipieren zu lassen, ohne daß ihnen als Nichtverwandten das meiste weggesteuert wird, wird immer wieder gefordert, obwohl solche Überlegungen bislang fast als Tabubrüche gelten. Um klarzustellen: Gemeint ist nicht die begünstigte Finanzverschiebung zweier vermögender kinderloser Junggesellen, die sich im Alter von den Kindern anderer Leute die Rente oder Pension finanzieren lassen und ihr Vermögen nun erbschaftssteuergünstig vor dem Fiskus retten wollen. Gemeint ist – noch einmal –, daß die formalen Vorteile und die realen Lasten des Familienstatus den wirklichen Gegebenheiten angepaßt werden müssen.

Jeder kann und soll sein Leben selbst gestalten. Wer sich aber zur Kinderlosigkeit entschlossen hat, sollte, um des Erhalts des noch existierenden, aber stark veränderungsbedürftigen Generationenvertrages willen, schon einen Obolus an die Gemeinschaft entrichten. Schließlich hat er oder sie zeitlebens und vor allem im Alter von den Verzichtleistungen der Mütter und Väter profitiert. Dies ist auf Dauer nicht hinnehmbar, wie inzwischen auch Bundespräsident Roman Herzog erkannt hat: «Es kann nicht sein, daß ein

Ehepaar – bei dem nur der eine ein Leben lang ein Gehalt oder einen Lohn einsteckt – Kinder aufzieht und am Ende nur eine Rente bezieht. Auf der anderen Seite verdienen zwei Ehepartner zwei Renten. Und die Kinder *des* Paares, das nur *eine* Rente bekommt, verdienen diese Rente mit. Das ist ein glatter Verfassungsverstoß.»

Singles: Not und Luxus

> «Lebst du zu zweit? Lebst du allein?
> Der Mittelweg wird wohl das richtige sein.»
> *(Kurt Tucholsky)*

Mehr als fünf Millionen Arbeitslose und eine entsprechend düstere Perspektive für junge Arbeitssuchende wirken sich auch auf die individuelle Zukunftsplanung aus. Wer traut sich heute mit zwanzig noch eine Familie zu? Welche junge Frau, welcher junge Mann die Unterbrechung der Berufstätigkeit für die Kindererziehung – falls sie überhaupt einen Job haben in diesen Zeiten? Sind die heutigen Jungmütter und -väter nun tollkühn, unbedarft oder schlichtweg verantwortungslos – angesichts der Perspektive eines «jobless growth» in fast allen westlichen Industrienationen? Wird Familiengründung und das «Kinderkriegen» nicht verständlicherweise zu einem entwürdigenden Rechenexempel oder gar zu einer Glaubensfrage?

Sicherlich warten viele junge Paare allzu lange, um vorrangig persönliche Reise- und Konsumbedürfnisse zu befriedigen. Oft stecken aber auch höchst verständliche

Gründe dahinter: Sie schieben ihren Kinderwunsch auf, bis sich ihre berufliche Situation so weit gefestigt hat, daß sie sich auf eine langfristige Verantwortung für Kinder und deren Erziehung einlassen wollen und können. Darüber wird ein deutscher Vater schnell 35 Jahre alt (im Durchschnitt werden die Männer erst mit 33 Jahren Vater, die Frauen mit 30 Jahren Mütter). Bis sich ein bundesdeutscher Jung-Familienvater zu seinem Erstkind durchgerungen hat, hat sein gleichaltriges chinesisches Pendant schon einen Sohn im geschlechtsreifen Alter. Zumeist tatsächlich einen Sohn, denn die staatlich verordnete Geburtenplanung führt zur systematischen Abtreibung weiblicher Föten. So sucht der chinesische Filius bereits eine Anstellung, wenn der deutsche Sohnemann eines gleichaltrigen Vaters gerade einen Kindergartenplatz ergattert oder seine Milchzähne verliert.

Aber bleiben wir in Deutschland: Ob es nun die gewollte jugendliche Single-Existenz oder eine «schicksalhafte» – durch Scheidung oder Tod – ist, die gravierende Zunahme der Singlehaushalte hat gesellschaftliche Folgen: auf den Wohnungsbau, für die Versorgung und Betreuung im Alter, aber auch auf die – verwahrlosenden – Jugendlichen.

Jede vierte Frau und fast jeder dritte Mann zwischen 21 und 44 Jahren leben in Frankreich bereits allein – mit steigender Tendenz. In Städten wie Zürich und Paris wohnen mehr als die Hälfte aller Bürger in Ein-Personen-Haushalten. Hinter diesen nüchternen Zahlen verbergen sich aber höchst unterschiedliche Schicksale. Singles gehören einerseits zur Einkommensavantgarde, stellen aber andererseits auch schon einen erheblichen Anteil der Sozialhilfeempfänger. So gibt es in Deutschland knapp zwei Millionen Alleinerziehende, zumeist Frauen. Viele von ihnen, weit mehr als die Hälfte, bleiben mit ihren Einkommen unterhalb der Steuer- und also Armutsgrenze. Alleinerziehende Frauen bilden deshalb mit 40 Prozent die größte Gruppe der Sozialhilfeempfänger. Mit ihrem durchschnittlichen Monatseinkommen von rund 1750 DM (West) und 1300 DM (Ost) verfügen sie über das geringste Haushaltsbudget. Daß viele von ihnen die Haushaltskasse mit Nebentätigkeiten – und sei es Schwarzarbeit – auffüllen müssen, versteht sich beinahe von selbst.

Auf der anderen Seite der Skala finden wir die *Dinks* (double income no kids), kinderlose Paare, die bereits sechs Prozent aller Haushalte (2,2 Millionen) stellen. Wenn sie zwischen 22 und 55 Jahre alt und beide berufstätig sind, stehen ihnen durchschnittlich 5600 DM (West) beziehungsweise 3810 DM (Ost) zur Verfügung. Ihr Anteil, das heißt der Anteil der Personen, die auf Dauer keine Kinder (mehr) zu versorgen haben, liegt heute schon bei 30 Prozent.

Haushalte mit zwei Verdienern und die «Singles» im mittleren Alter sind deutlich besser gestellt als Alleinerziehende und junge alleinlebende Frauen sowie Paare mit Kindern unter sechs Jahren. In Westdeutschland haben die *Dinks* ein doppelt so hohes Pro-Kopf-Einkommen wie Paare mit zwei Kindern unter 16. Das Einkommen der männlichen Singles ist sogar um 75 Prozent höher.

Hier tun sich Gräben auf. Was ehemals die gesellschaftliche Mitte war, zerfällt zusehends – mit weitreichenden Folgen. Die Veränderungen der Wohlstandsstrukturen zwischen Jung und Alt, zwischen prosperierenden und verarmenden Regionen zeigen Wirkungen, die sich tief in die Individualstrukturen fortsetzen. Darüber hinaus wird die politisch geforderte Mobilität und Flexibilität bei der Arbeitssuche insbesondere für junge Menschen ganz konkrete Auswirkungen auf ihre Lebensplanung haben. Wer als junger Berufstätiger mit ständigen – auch internationalen – Ortswechseln rechnen muß, wird sich mit der Familiengründung zurückhalten und sich einen Kinderwunsch lange verkneifen. Eigenständig berufstätige Partnerinnen werden zum Handikap, sie würden vielleicht auch nicht jede längere Trennung akzeptieren. Konfliktstoff für Ehe und Partnerschaft ist vorprogrammiert.

Sind gleichzeitig Kinder zu versorgen und zu betreuen, verändert sich die Situation entscheidend in Richtung auf die alte Rollenverteilung. Kindergarten, Schule, Nachmittagsbetreuung – dies alles bei einem Ortswechsel neu zu organisieren, fällt in unserem kinderfeindlichen Land nicht leicht. Und das ist ein nicht zu rechtfertigendes Handikap in einer Gesellschaft, in der längst bekannt ist, daß die Zukunftsaufgaben eben nur mittels Mobilität und Flexibilität gerade der jüngeren Erwerbsgeneration bewältigt werden können. Sind gar noch pflegebedürftige Eltern und Großeltern zu versorgen, brechen die wohlgeordneten Strukturen der familiären Altersversorgung endgültig zusammen. Das politisch so heftig propagierte Prinzip der Subsidiarität steht hier vor einer großen Belastungsprobe. Es steht im übrigen diametral der sozialpolitisch erwünschten Mobilität entgegen. Eine häusliche, innerfamiliäre Betreuung der älteren Familienmitglieder erübrigt sich, wenn die Jungen schlicht abwesend sind, weil sie Hunderte oder gar Tausende von Kilometern entfernt arbeiten müssen. Hier sollte die Politik bald einmal erklären, was sie wirklich will. Das eine schließt das andere faktisch aus.

Daneben muß aber gleichzeitig für familien- bzw. kinderfördernde Infrastrukturen gesorgt werden. Das heißt – im Klartext –, daß der Staat kommunale Gelder und Steuervergünstigungen nicht vorrangig an Seniorenbetreuungseinrichtungen (Altersheime und Privatkliniken etc.) verteilt, sondern im selben Maße auch für die Kinder und Jugendlichen Betreuungs- und Entwicklungsangebote zur Verfügung stellt. Es müssen also Rahmenbedingungen geboten werden, in denen sich Kinder und Jugendliche auch außerhalb der klassischen, bedauerlicherweise zerbröselnden Familienstrukturen sowie außerhalb der versagenden Schulen fortentwickeln können: Wo ältere Jugendliche nicht nur scheinbeschäftigt und verwahrt werden, sondern wo ihre Talente aufgespürt, ihre Begabungen geweckt, wo frühzeitig entwicklungsfähige Neigungen gefördert werden und reifen können. Dies alles nicht in illusionären Scheinwelten mit verträumten Sozialpädagogen, sondern in Konfrontation mit der Realität – inklusive längerer Betriebspraktika in Firmen vor Ort, mit ansässigen Forschungsinstituten und Handwerksbetrieben. Keine Larifariveranstaltungen, sondern praktische Lernstationen mit Leistungsnachweis. Hier müssen Brücken gebaut werden zwischen Schulen und Industrie, bzw. weiter gefaßt: zwischen Bildung, Ausbildung und Arbeit.

Die gezielte Förderung unserer Jugend darf ruhig früh beginnen. Was spricht heute noch ernsthaft dagegen, Kinder schon im Kindergartenalter polyglott aufwachsen zu lassen? Arbeitslose Fremdsprachenlehrer gibt es zuhauf, mehrsprachige Mischehen auch. Was spricht dagegen, die Kids schon in jungen Jahren – kindgerecht – mit moderner Technologie und Computern zu konfrontieren? Zu Hause fingern sie ohnehin schon professionell an allen High-Tech-

Accessoires herum. Ist es unpädagogisch und kinderfeindlich, sie schon in jungen Jahren für Naturwissenschaft und Technik zu begeistern, solange sie noch begeisterungsfähig sind? Ist es falsch, ihnen schon in der Grundschule sehr konkrete geographische, geologische und physikalische Kenntnisse zu vermitteln? Kinder sind neugierig, sie dürsten nach Entdeckungen und Erklärungen. Warum werden sie mit unserer «Eideidei»-Pädagogik so hoffnungslos unterfordert – mit Halbwissen aus Soziologie, Medizin und Psychologie, mit Heile-Welt-Phantasmen und Egalisierungsspleens?

Je stärker die junge Elterngeneration durch den zunehmenden Konkurrenzdruck zeitlich und emotional mit «Broterwerb» beschäftigt ist, um so stärker müssen Kindergärten und exzellente Schulen die reale Lebensschulung übernehmen. Notfalls auch Privatschulen, falls der beamtete Apparat mal wieder nicht schnell genug reagiert. Die Verantwortung für das Entdecken und Entwickeln von Talenten und Begabungen bis zur ganz konkreten Vorbereitung auf Berufsziele geht zunehmend auf die Schulen über. Aber die sind dafür überhaupt nicht gerüstet. Zumindest nicht, solange sie von einer überblähten Administration, eingeschnürt von Formalismen und Parteienideologie, an der Umsetzung neuer Anforderungsprofile gehindert werden. Wenn es weiterhin zwei Jahre dauert, bis ein neuer Lehrinhalt oder auch nur ein moderner Text die komplizierte Prozedur der Schulbuchgenehmigung durchlaufen hat, sind unsere Kinder verloren.

Die Schulen als Spielwiesen für weltenferne Pädagogenexperimente haben jedenfalls heute endgültig ausgedient. Jetzt sind pragmatische, engagierte, couragierte Lehrer gefordert, die flexibel und ohne umständliches Lehrplanreglement die Vorbereitung auf den Ernstfall «Leben und Existenzsicherung» übernehmen. Daß sie das auch dürfen, dafür müssen wir sorgen. Es gibt solche Lehrer, ganz vereinzelt. Und sie werden wie Kronjuwelen von Klasse zu Klasse weitergereicht. Zu viele unserer überalterten Schulpädagogen haben aber leider die neuen Chancen und Aufgaben noch gar nicht begriffen – oder bereits resigniert.

Von Machos und Lolitas

> «Damen und Herren unentschiedenen Geschlechts.»
> *(Oscar Wilde)*

Auf die gravierenden Veränderungen der Lebens- und Arbeitsbedingungen der sogenannten postindustriellen Gesellschaft wird jedenfalls bislang viel zu langsam reagiert. Und sosehr die Versingelung der Gesellschaft die Zukunftsforscher beschäftigt: Es könnte ja auch ganz anders kommen, zumindest bei den Jüngeren. Rationalisierung, Modernisierung, Globalisierung, die Verknappung der sozialen und öffentlichen Ressourcen setzen auch gegenläufige Entwicklungen in Gang. Unter dem Diktat des Lohndumpings und der knappen öffentlichen Kassen, als Folge der leeren Arbeitnehmerportemonnaies, werden sich viele der heutigen Jung-Singles mit doppelter Haushaltsführung, doppeltem Fuhrpark und doppelter Accessoireausstattung dem privaten Rationalisierungsdruck beugen. Viele werden ihre Haushalte zusammenschmeißen (müssen), eine gemeinsame Wohnung beziehen (müssen) und sich diesen Freiheitsverzicht dann aber wenigstens durch die ehelichen Steuervergünstigungen versüßen lassen – zumindest solange es das Ehegattensplitting, auch ohne Elternschaft, sowie die diversen Verheiratetenboni noch gibt – also eine Förderung der Institution «Ehe», nicht der Lebensgemeinschaft mit Kindern.

Niedrige Einstiegslöhne für Berufsanfänger und stetige Reallohneinbußen durch steigende Mieten, Mietnebenkosten, kommunale Gebühren und Sozialversicherungsbeiträge machen es jungen Alleinlebenden zunehmend schwer, die eigene Existenz aus Erwerbseinkommen abzusichern. Wer nicht gerade als Gerüstbauer seine Lehre beginnt (circa 2300 DM im Monat) oder dank Papas Beziehungen nach dem Hochschulabschluß in einer befreundeten Firma unterkommt, wird sich wundern. Ein Lehrling im ersten Berufsjahr einer Goldschmiedelehre geht mit 300 DM im Monat nach Hause, und selbst als Jungarzt ist man heute froh, mit 2000 DM im Beruf zu starten. Viele arbeiten zunächst einmal ganz umsonst, nur damit sie eine Facharztweiterbildung machen können. Manchmal müssen Eltern erst in eine Stiftung einzahlen, damit der Filius oder die Tochter aus diesem Topf ein Gehalt als wissenschaftlicher Assistent beziehen kann. Sonst wird's nichts mit dem Job. Sorry!

So sieht es mittlerweile aus in einem Land, in dem etablierte Chefärzte Millioneneinnahmen verbuchen, während viele Jungakademiker noch Bares mitbringen müssen, damit sie arbeiten dürfen. Da hatte es der Hauptschüler besser, der rechtzeitig zum Kolonnenführer im Gerüstbau aufgestiegen ist. Mit seinem Monatseinkommen schlägt er die promovierte Philosophin, die beim Arbeitsamt hängenbleibt, um Längen. Doch inzwischen werden gerade die Hauptschüler gnadenlos «auskonkurriert». Immer mehr Abiturienten flüchten in eine solide Handwerkerlehre. Ihre akademischen Träume zerplatzen an der Realität. Man wird bescheiden in diesen Zeiten.

Das Ganze ist mehr als eine individuelle Desillusionierung. Der harte Wind am Lehrstellen- und Arbeitsmarkt verlagert das Arbeitslosenproblem immer weiter nach unten. Wenn Hauptschüler selbst um die «bad jobs» mit Abiturienten konkurrieren müssen, gibt es für sie bald gar keine Arbeit mehr. Ihnen bleibt nur der Sozialstaat, die Straße und der Frust.

Gesellschaftlich hat diese Magerkur für Berufseinsteiger und junge Erwerbstätige gravierende Konsequenzen. Wenn es zum Alleinleben nicht reicht, muß man sich, wie gerade gezeigt, aus ökonomischen Gründen eben zusammentun: Haus und Hof und Auto teilen, Miete, Nebenkosten, Tisch und Bett. Ob man will oder nicht. Ob die Ehe die adäquate Lebensform für solche Not- oder Zwangsgemeinschaften sein wird, wird sich zeigen. Zu befürchten steht jedenfalls, daß Ehen zunehmend wieder aus steuerlichen und ökonomischen Gründen eingegangen werden und nicht aus Liebe, daß Kinder gar aus Opportunitätsgründen in die Welt gesetzt werden, weil Kindergeld und Sozialhilfe die Haushaltskasse scheinbar auffüllen. Eine Milchmädchenrechnung, wie wir wissen – es sei denn, die Kinder werden unverantwortlich bis kriminell «kurzgehalten».

Es bereitet mir Bauchgrimmen, aber sie wird kommen: die Renaissance der Vernunftehe, zumindest in den gehobenen Gesellschaftsschichten, mit alten Vätern und jungen, unglücklichen Müttern – ein neues Biedermeier. Vermutlich wird eine ganze Kindergeneration dabei weitgehend übersprungen. Sie findet wegen allgemeiner Unsicherheit und drohender Wohlstandseinbußen einer irritierten Jungelterngeneration nicht statt. Erst nach einer Übergangsphase wird dann dem Kinderwunsch wieder nachgegeben – mit Müttern um die 40 und Vätern im Pensionsalter.

Zurück in die Zukunft. Vermutlich werden wir uns bald wieder dort einfinden, wo wir vor hundert Jahren bereits waren: bei der Ehe als Versorgungsinstitution der holden Weiblichkeit. Der «reife» Mann wird erst auf «Brautschau» gehen, wenn er sich als «gestandener», als «heiratsfähiger» Kandidat ausgewiesen hat – wie damals vor der Französischen Revolution, als in vielen Handels- und Handwerksstädten weniger als die Hälfte der erwachsenen Bevölkerung verheiratet war. Erst die berufliche Reputation, zum Beispiel ein Meisterbrief, legitimierte zur Eheschließung, mit allen daraus erwachsenden Verpflichtungen.

Angesichts der besseren Ausbildungsmöglichkeiten für junge Frauen heute und ihrer durchweg besseren Schul- und Examensnoten könnte sich der Spieß aber durchaus auch umdrehen – falls, ja, falls der weibliche Teil der Menschheit nicht nach wie vor durch Schwangerschaft und Kindererziehungszeit gehandikapt wäre. «Kinder als Karrierebremse» ist ein böser Slogan für diese richtige Beobachtung. Aber unbesorgt: Daß Frauen wegen ihrer unbestritten hohen Qualifikation zu mächtig werden und eine noch dominierendere Rolle innerhalb der Zweierbeziehung als heute aufbauen können, wird die vereinte Mann-schaft schon zu verhindern wissen. Da unterscheiden sich Kirchen, Gewerkschaften, Politiker und Verbandsfürsten nicht von Chefärzten, Personalchefs und Chefredakteuren. Die werden auch weiterhin die Karrieren mittelmäßiger Männer fördern und Frauen allenfalls zur Dekoration und in homöopathischen Dosen mitlaufen lassen. Sie können sich immer noch darauf verlassen, daß es genügend verzichtswillige Frauen gibt, die ihre Erwerbsarbeit bereitwillig und bedingungslos den Interessen des Göttergatten opfern.

Also bleibt bestenfalls alles beim alten. Wahrscheinlich aber wird es unter dem Anpassungsdruck der rauhen Verhältnisse eher den von mir vermuteten Rückschritt in Richtung Patriarchat geben. Denn so ehrenwert Haus- und Erziehungsarbeit auch sein mag, gesellschaftliche Akzeptanz und monetäre Aufwertung für diese traditionell weiblichen Tätigkeiten ist nicht ernsthaft zu erwarten. Von der Alterssicherung ganz zu schweigen. Eine gerade einmal kosmetisch veränderte Bewertung der Erziehungszeiten in der neuen Rentenformel ändert daran nur wenig. Im Ergebnis geht es allenfalls um ein paar Mark fünfzig mehr Rente pro Monat bei insgesamt reduzierter Rentenauszahlung. Viel Lärm um nichts! «Getretener Quark macht breit, nicht stark» (Goethe). Auch die avisierte Beitragsreduzierung zur Rentenversicherung während der Kindererziehung ist nicht viel mehr als ein symbolischer Akt. Eine adäquate Bewertung dieser gesellschaftlichen Leistung im Vergleich zur Erwerbsarbeit ist das immer noch nicht. Wer insgesamt nur geringfügige oder gar keine Rentenansprüche erworben hat, bleibt abhängig «bis daß der Tod euch scheidet».

Unter den derzeitigen ökonomischen Bedingungen wird eine grundlegende Korrektur dieser Geschlechterungerechtigkeit jedenfalls nicht zu erwarten sein. Im Gegenteil. Der Männerwelt scheint die einfachste Kosmetik der Arbeitslosenstatistik gerade recht. «Wenn erst die Frauen wieder zu

Hause bleiben, haben wir Arbeitsplätze genug. Das ganze Arbeitslosenelend kommt doch nur von der Emanzipation» – hört man nicht mehr nur an Stammtischen. Wie sich der weitere Ausschluß der Frauen vom Arbeitsmarkt begründen ließe, darüber belehrt uns ein männlicher Kommentator der liberalen *Financial Times*. Da junge unqualifizierte Männer ohne Job zu Gewalt und Kriminalität neigen, sei es das beste, «den Zugang (zum Arbeitsmarkt) für Frauen zu beschränken, die ja nicht so schnell gefährliche Kriminelle werden». Hört, hört! Die künftige Maxime der Wirtschaftspolitik müsse daher lauten: «More jobs for the boys.»

Dennoch räume ich gern ein, daß auch einige Erfolge der Emanzipationsbewegung durchaus zweifelhaft sind. Wenn Berufstätigkeit nur als Single und ohne Kinder mit der Lebenswirklichkeit einer Frau in Einklang zu bringen ist, hat die Frauenbewegung vor allem den kinderlosen Karrieristinnen genutzt. Wenn Gleichstellungsbeauftragte nur unbegrenzt belastbare Power-Frauen in Männerdomänen hieven und politisch nicht gleichzeitig für kinderfreundliche Infrastrukturen mit Ganztagskindergärten und Ganztagsschulen und steuerliche Begünstigung von Kindern und Familien gesorgt ist, dann brauchen wir auch keine hochdotierten und pensionsberechtigten Gleichstellungsbeauftragten mit Alibifunktion. Solange sie lediglich erreichen, daß Männer durch weibliche Kerle ersetzt werden, haben Frauen mit Kindern rein gar nichts davon.

Daß in diesem Zusammenhang auch das Ehegattensplitting für Kinderlose ein Schlag ins Gesicht von Verzichtsmüttern und jungen Familien ist, versteht sich von selbst. Da wäre es doch nicht unlauter, wenn die Väter ihr Gehalt und ihre Rente in Zukunft auch formal und faktisch mit ihren

Erziehungsarbeit leistenden Frauen teilen müßten – wie forsche Frauenverbände fordern. Allein die Androhung würde Wunder bewirken. Aber das bleibt Fiktion. Real hat die Gesellschaft den Rückwärtsgang eingelegt: Immer mehr Frauen und Mütter müssen notgedrungen zu Hause bleiben, ohne eigenes Geld, ohne adäquate Altersversicherung.

Dieser Trend hat auch eine entsprechende Rollenänderung des Weiblichen zur Folge: Gefragt sind als Ehefrauen und Lebenspartnerinnen der Zukunft wohl eher wieder die Weibchen und die mütterlichen Nestbauerinnen, begabte Psychomülleimer, die den streßgeplagten Männern während ihres täglichen Kampfes in der feindlichen Außenwelt den Rücken freihalten, das Nest und die Sippe hegen und pflegen, hübsch, bescheiden und sparsam sind und ansonsten nicht viel fragen. Der Marktwert junger Frauen wird sich wieder zunehmend an Äußerlichkeiten bemessen: Die Investition in Silikon wird erfolgversprechender sein als eine Fortbildung in Silicon Valley; das geschickte Einsetzen von Schönheit und Jugend wird existenzsichernder sein als eine Promotion. Diese bittere Erfahrung machen junge Akademikerinnen schon heute. Oberweite, Taille und Jugend sind die besseren Garanten einer bequemen Wohlstandszukunft in der Ehe als ein komplizierter Studiengang an einer Elite-Uni. Es sei denn, diese Investition dient der gezielten Auswahl eines adäquaten Lebenspartners.

In den Medien vollzieht sich eine gleichlaufende Entwicklung. Überall wimmelt es von aufgepeppten, glucksenden, femininen Barbies, die gerissen und clever mit ihren weiblichen Pfunden wuchern, fernab von intellektueller Prüderie. Man hat, was man hat! Und man setzt es ein, und sei es als Köder. Da kann man auch gerne einmal kurzfristig die

Hilflose spielen – wie anno dunnemals. Die Nummer zieht immer noch. Fehlt nur noch der Migräneanfall und die Riechfläschchentheatralik unserer Großmütter.

Eine überzeichnete Vision? Vorbei die junge Ehe mit dem Gleichaltrigen aus Liebe, der Start ins Ungewisse, ohne Geld, aber mit Mut und Zuversicht. Die jungen Damen von heute sind sehr monetaristisch, sie wollen Sicherheit. Also: möglichst früh möglichst reich heiraten nach dem Motto: «Arbeitslos bin ich allein». So zeichnen sich für die Zukunft die merkwürdigsten Geschlechter- und Alterskoalitionen ab. Konjunktur für alternde, vermögende Sugar-Dandys und reiche Pensionäre mit einem Hang zu blutjungen, ergebenen Lolitas. Und im Gegenzug dürfen die Jungmänner hoffen, aus dem Kreis der reichen alten Witwen, die ihre Ehemänner ja immer noch um durchschnittlich sieben Jahre überleben, vermögende Ausbildungssponsoren zu finden – spätere Ehe nicht ausgeschlossen (ist auch erbschaftssteuermäßig empfehlenswert). Café verkehrt. Wenn die gleichaltrigen potentiellen Partner mangels Versorgungskasse passen müssen, kommt die Stunde der älteren Semester mit Bauch und Bankkonto. Kinder sind dabei gänzlich unerwünscht.

Der Lolita-Trend wird die Zukunft deutlich prägen. Die heute so beliebte Lebensabschnittsgefährtin ohne Versorgungsansprüche gegenüber ihrem Partner, mit eigenem Einkommen und eigener Rente, wird ein Opfer der Massenarbeitslosigkeit und des Einstellungsstopps im öffentlichen Dienst. Sie bleibt ein typisches Produkt der Vor-Jahrtausendwende-Zeit. Davor hat es sie nicht gegeben, und auch danach wird es sie nicht mehr geben. Die nächste Generation von Frauen wird wieder weitgehend alimentiert werden müssen, zumindest die Mütter – von einigen Erbinnen großer Latifundien oder Aktienpakete einmal abgesehen. Vielleicht ahnen unsere Girlies das und fügen sich trendbewußt in ihre neue Rolle. Sozusagen freiwillig, getarnt als Zeitgeisterscheinung und Modegag. Vielleicht war's das mit der Emanzipation.

Ende gut, alles gut? Waren es nicht ohnehin überwiegend die Feministinnen selbst, die von der Emanzipation profitiert haben? Viele Kinder, insbesondere die jungen Mädchen und Frauen, haben die Nase voll vom Vorbild ihrer doppelt belasteten Mütter: Sie waren zwar sehr kompetent, aber auch sehr kaputt. An einer Karriere mit Schlafstörungen, Hetze und Psychoknacks sind sie nicht interessiert. Sie hätten's gern «easy», zeitgemäß funny und funky. Die bittersüßen Warnungen ihrer leidgeprüften Mütter: «Alle Männer sind Schweine!» parieren sie mit einem fröhlichen «Na und!» Vielleicht machen sie auch nur aus der Not eine Lebenslüge. Da es eh keine Jobs gibt, stricken sie sich ihre eigene Ideologie.

Aber bemerkenswert ist es schon: Keine Generation von Frauen vor ihnen hatte solche Ausbildungschancen, war im Schnitt so gebildet und gut ausgebildet – dazu meist besser als ihre männlichen Altersgenossen –, war ökonomisch so unabhängig und befreit von Geschlechtsdünkeln und konkreter Unterdrückung. In ihrem jugendlichen Übermut glauben sie möglicherweise, alles ließe sich managen, auch die Männer und die «männlichen» Strukturen. Nicht im Kampf, sondern einfach so, eben ganz weiblich.

Die jungen Damen haben eine andere Vorstellung vom Leben als wir. Und dabei unterwerfen sie sich freiwillig. Vielleicht spüren sie nur deutlicher als wir, daß unsere vermeintlichen Hilfen und Unterstützungsmaßnahmen sich längst gegen sie richten: Sie büßen für unsere «Errungenschaften». Zwar waren all die Frauen- und Müttervergünstigungen ein revolutionärer Fortschritt, zumindest auf dem Papier – und vorteilhaft für eine Generation: unsere. Fakt ist aber, daß sich vieles davon bei Neueinstellungen nun gegen sie richtet. Wo Mutterschaften ins Haus stehen, reagieren Arbeitgeber ganz zugeknöpft – übrigens auch weibliche Arbeitgeber, gerade sie. Da werden dann doch lieber Männer eingestellt, Mitarbeiter ohne Gebärrisiko. So ist das mit der Frauensolidarität.

Das neue Lied von Heim und Herd

> «Die schönen Weiber werden heutzutage mit unter die Talente ihrer Männer gerechnet.»
> *(Georg Christoph Lichtenberg)*

Neue Lern- und Arbeitsformen, die Telearbeit, das Telelearning, das Teleshopping, werden Einfluß auf die Familie nehmen. Ganze Lebensbereiche werden zurück in die häusliche Idylle verlagert. Ein Homeworking-Arbeitsplatz am heimischen Bildschirm könnte gewährleisten, daß zumindest ein Elternteil (natürlich zumeist die Mutter) zu Hause permanent verfügbar ist. Privates und Berufliches sind dann nicht mehr voneinander zu trennen, und im Zweifelsfall bleibt es wieder mal die ehrenvolle Aufgabe der Frau, die Koordination von Sauerbraten, Wäschetrockner und Windelwechsel zu übernehmen, während sie gleichzeitig via

Internet mit ihrem koreanischen Auftraggeber die Designkonzeption für die nächste Modekollektion bespricht oder Bankkunden über Aktien berät. Hier sind dann echte Managementqualitäten von Frauen gefragt.

Die telearbeitende Hausfrau und Mutter muß eine wahre Meisterin der Konzentration, Improvisation und des Zeitmanagements sein. Bleibt abzuwarten, ob diese Hyperqualifikation auch adäquat honoriert wird. Wohl kaum! Vermutlich wird auch diese «Zauberei» nicht zur Verbesserung der Einkommenssituation und Alterssicherung von Frauen beitragen. Im Gegenteil. Hier wird wieder einmal die Not (von Frauen) zur Tugend umfunktionalisiert. Ob Gewerkschaften dieses tarifpolitische Niemandsland erobern können, bleibt abzuwarten, ob es überhaupt wünschenwert ist, daß sie auch hier formalisierend und komplizierend eingreifen, wage ich zu bezweifeln. Frau wird jedenfalls gut beraten sein, durch Selbstbewußtsein, spezielles Können und Verhandlungsgeschick ihren Marktpreis selbst möglichst hochzuschrauben und nicht nur auf *einen* Arbeitgeber zu setzen.

Immerhin, ein Gutes mag man dieser Erwerbsperspektive ja abgewinnen. Auch der Herr Papa könnte sich erstmals problemlos an der häuslichen Gemeinschaft (Familien-GmbH) beteiligen *und* erwerbstätig sein. Welcher Gewinn an Lebenszeit und Lebensqualität, wenn er nicht mehr zweimal täglich im Stau steht und abends reflexhaft genervt die Sippe anraunzt! Wie erquicklich die Vorstellung, daß die abendlichen Geschäftsessen und die lästigen Geschäftsreisen mangels Gelegenheit ausfallen, weil er ja via Telefon und Computer seine Geschäfte und Gespräche weltweit abwickeln kann. Vorbei die Zeiten der «vaterlosen Gesellschaft» Alexander Mitscherlichs, in denen sich die Kinder in Ermangelung einer leibhaftigen Mannsfigur zu Hause in mütter- und großmüttergeprägten «vaterlosen Madonnenszenen» (Paul M. Zulehner) wiederfanden und ihre männlichen Leitbilder jahrelang in Gestalt von «He-Man» oder «Hulk Hogan» aus der Glotze oder dem Videorecorder bezogen – mit entsprechenden Konsequenzen für ihr eigenes «männliches» Gebaren.

Ich bin gespannt, was sich aus dieser neuen Perspektive entwickelt. Bislang glänzten die männlichen «Ernährer» und Erzieher ja weitgehend durch Abwesenheit. Vielleicht fürchten viele auch insgeheim die bevorstehende Transparenz ihrer kunstvoll hochstilisierten Berufswelt – wenn sich die Arbeit nach Hause verlagert und ihre Großartigkeit überprüfbar wird. Den Männern droht Ungemach aus dieser Perspektive, und auch manche Hausfrau denkt mit Schaudern an den domestizierten Erwerbsmann. Vorbei die Zeiten stiller Hausfrauenseligkeit mit ausgiebigem Telefonklatsch und zweitem Frühstück. An echte Arbeitsteilung mag sie ohnehin nicht glauben. Was schon am Sonntag nicht klappt, wird auch in der Woche nicht stattfinden. Und schließlich: Woher sollte *ihr* Job so plötzlich kommen, nachdem sie doch jahrelang ausschließlich für die Abteilung Herzeleid und Alltagsabwicklung zuständig war und sich längst meilenweit vom heutigen Anforderungsprofil ihres erlernten Berufs entfernt hat?

Der Mann an sich (auch der deutsche) hat's immer noch gern hausbacken. Möglichst störungsfrei, reibungslos und unauffällig. Wenn Frau und Mutter dennoch den Spagat zwischen Job und Familie schafft, soll's ihm zwar recht sein – aber bitte ohne jede Unannehmlichkeit; zu Hause soll alles beim alten bleiben. Gewicht und Wichtigkeit bleibt ohnehin seiner – und sei es noch so hirnlosen – Tätigkeit vorbehalten. Berufliche Partnerschaft und Arbeitsteilung sind auch heute – kurz vor der Jahrtausendwende – noch die Ausnahme, wie eine aktuelle EU-Studie belegt: Immer noch geben 60 Prozent aller Männer der Hausfrauenehe den Vorzug, sei es nun aus Gewohnheit und Bequemlichkeit, aus Angst vor Macht- und Autoritätsverlust oder aufgrund der schlichten, aber ergreifenden Einsicht, daß sich ja jemand verläßlich um die Kinder kümmern muß und daß die ökonomische Vernunft gebietet, diese Aufgabe demjenigen Partner zu übertragen, der immer noch deutlich weniger verdient – nämlich in der Regel der Frau.

Daß manche Frauen in dieser ungeliebten Rolle dennoch zu wahren Experten des Alltagsmanagements gereift sind und mit der Bohrmaschine ebenso furchtlos umgehen wie mit dem Banker bei der Feilscherei um den Hauskredit, läßt die meisten Männer unbeeindruckt. Auch in der Medienöffentlichkeit findet dieser Kompetenzzuwachs der Verzichtsfrauen kaum Beachtung. Hausfrauen- und Erziehungsarbeit zählen nichts. Ein kleines Lob hier und dort, im Privaten, fürs Private, aber keine Anerkennung, weder von den Männern und schon gar nicht von den Geschlechtsgenossinnen selbst. Dies gilt insbesondere für die Multiplikatorinnen in den Medien: Selbst oft kinderlose, karrierefixierte Singleexistenzen, geizen sie nicht mit linker Stutenbissigkeit gegenüber Müttern und Hausfrauen. (Gnade mir Gott für diese veröffentlichte Wahrnehmung!)

In vielen Gazetten und Publikationen finden berufstätige Mütter überhaupt nur als perfekt funktionierende Multibelastungsmaschinen mit Vorzeigebälgern Erwähnung. Die

Kinder sind die späte Krönung der Berufskarriere, nach dem Motto: «Seht her, ihr Nur-Hausfrauen, euren Part übernehme ich doch mit links, so ganz nebenbei.» Die Haushälterin, die Oma und das Kindermädchen werden dabei ebenso diskret unterschlagen wie die diversen Frustaffären des in seinem Ego angekratzten Ehemannes.

Der hohe Preis, den berufstätige Mütter für die Doppelbelastung zahlen, wird lässig verschwiegen. Mir soll keiner erzählen, daß eine engagierte, berufstätige Frau und Mutter alles konfliktfrei unter einen Hut bringt. Das ist ähnlich glaubhaft wie die Geschichte von der promisken Jungfrau. Hier liegen Welten zwischen Realität und Wirklichkeit, zwischen medialer Aufbereitung und dem richtigen Leben. Sorge und Verzweiflung, Glück, Verantwortung und freiwillige Einschränkung zugunsten Dritter werden vom hedonistisch-egoistischen Mainstream und in der oberflächlichen Berichterstattung von Erfolgsfrauen über Erfolgsfrauen geflissentlich verschwiegen und entziehen sich erst recht den männlichen Denkwelten in Politik und Medien.

Der 24-Stunden-Service einer jungen Haus-Mutter mit zwei Kindern ist mit dem 8-Stunden-Jöbchen einer Singledame in einem durchtechnisierten Büro nicht zu vergleichen. Schon die Optik bietet dafür hinreichende Belege. Der Rest sei Schweigen. Der gepflegten Sekretariatsdame mit durchgestyltem Outfit hat die übernächtigte Vielzweckmutti mit Ringen unter den Augen nichts entgegenzusetzen. Zumindest phasenweise. Wie zwei Vipern in coitu symbolisieren diese beiden Frauentypen das Zwitterhafte und Unheimliche der Frau und Mutter im Beruf sowie die Unmöglichkeit einer gemeinsamen und schlagkräftigen Frauenbewegung: Sie wird immer in eine Feministinnen- und eine Mütterbewegung gespalten bleiben.

Doch zurück zum anderen Geschlecht, zum Vater oder dem männlichen Lebensgefährten: Auch auf ihn wartet im Zeitalter des Homeworking eine völlig neue Erfahrung. Statt unersetzlich und bedeutend zu sein wie in der Firma, wird er sich seinen Platz zu Hause erst erobern müssen. Zwischen Staubsaugen und Bettenmachen ist er am frühen Morgen plötzlich ganz schön überflüssig und fremd. Er stört die eingefahrene Routine. Außerdem fehlt ihm die gewohnte Akklamation von außen und die stabilisierende Gruppendynamik männlicher Kommunikationsfloskeln. Die Selbstverwaltung und Organisation von Zeit wird manchen Betriebsroutinier vor schwer lösbare Probleme stellen. Selbstbestimmtes Arbeiten ist für gehetzte Workaholics eine «terra incognita». Und selbst das zwischenzeitliche Spielen mit den Kindern, außerhalb der Sonn- und Feiertagsidylle, sogar das geduldige Zuhören muß er notgedrungen erst neu lernen. Er, der sonst nur Anweisungen gibt. Der Gewerkschaftsslogan «Samstags gehört Papi mir» wird noch zur Drohung, wenn manche Hausfrau im Stillen zum Himmel fleht: «Und wer beschäftigt Papa samstags mal außer Haus, damit wir wieder unter uns sind und endlich einmal der Sauladen auf Vordermann kommt?»

Es ist schon sonderbar: Unentwegt wird das Hohelied der Karrierefrauen und der weiblichen Erwerbsarbeit gesungen. Doch bei genauerer Betrachtung entpuppt sich der Typus «Erfolgsfrau» in weiten Teilen als pure Erfindung. Selbstverständlich gibt es sie, und das ist gut so. Aber um welchen Preis? Und wer will sie wirklich? Wer betreibt hier Propaganda wofür?

Auch die Modeszene beispielsweise pariert artig: Die optische Virilisierung der Erfolgsfrauen im Beruf ist unübersehbar. Oder drücken uns hier bloß einige homophile Designerzampanos ihre ätherischen Knabenphantasien ganz subtil aufs Auge? Denn der Modetrend ist eindeutig: Androgyn ist in – so sehr wie Bisexualität und Gleichgeschlechtlichkeit. Eben alles, was «Normalos» provoziert und irritiert. In manchen Branchen (zum Beispiel den Medien, der Kultur- und Modebranche) braucht man als stabil heterosexuell veranlagter Mensch mit ausgeglichener Partnerschaft inzwischen gar nicht erst vorstellig zu werden. Solchen «Spießern» fehlt die nötige Kreativität – das weiß doch jeder. Die gerade von Minderheiten immer wieder geforderte Toleranz endet hier bei der Akzeptanz einer harmonischen Heterosexualität. Wer nicht wenigstens bisexuell, wenn schon nicht orthodox schwul oder lesbisch ist, dringt in die verschweißten Networks einiger Redaktionen und Fernsehsender gar nicht mehr ein. Ganz zwangsläufig dominieren dort auch Minderheitenthemen den redaktionellen Output.

Doch offensichtlich trifft dieser Dauerbeschuß an Sonderlichkeiten und sexueller Irritation auf eine hochresistente Jugend. Auf Kids, die nichts mehr ernst nehmen außer sich selbst. Für all den Schwachsinn, den sie tagtäglich konsumieren, für all die Weltenferne, in die sie tagtäglich eintauchen, sind unsere Kids eigentlich noch hinreißend normal.

Keine Frage: Stricherszene und Päderastenclub sind Gesellschaftsphänomene und Medienthemen ebenso wie Dildos und Swinger Clubs. Aber statt der Reportage über Klitorisbeschneidungen in Zentralafrika wünschte ich mir gelegentlich eine deutlichere und ausführlichere Bestandsaufnahme der Zerfallserscheinungen unserer Wohlstandsgesellschaft oder auch einen Beitrag über die Jugendarbeitslosigkeit und ihre Folgen in den nächsten zehn Jahren. Man mag mich konservativ schelten, aber ich denke, die Verhältnismäßigkeiten sind aus den Fugen geraten. Madonna mit ihren ecclesiogenen Neurosen interessiert mich ebenso beiläufig wie die Berichterstattung über Schicki-Quickies irgendwelcher alternden Tütü-Schwuchteln aus der Kultszene. Und weder Schreinemakers noch Schmidt und auch nicht all die «Info»-Clowns zwischen zwei Werbeblöcken in der Hauptsendezeit trösten mich über den verläßlich kalkulierbaren Niveauverfall des Programmangebotes in den Medien hinweg. Da bin ich ganz untrendy.

Natürlich ist auch mir nicht entgangen, daß Sexualität und Aggression, Haben- und Besitzenwollen zu den Grundtrieben menschlicher Existenz gehören und aus der Medienberichterstattung weder ausgeklammert werden können noch sollen. Aber ich hätte nichts gegen eine diskret andere Gewichtung der Programmgestaltung in den Medien.

Was von der Yellow Press und vielen Sendeanstalten derzeit inszeniert und präsentiert wird, hat mit dem Leben der Zuschauer, insbesondere der Kids immer weniger gemein. Die verschiedenen Welten driften immer weiter auseinander und sind schon heute kaum noch vermittelbar. Womit die Jugendlichen in ihrem realen Leben, in der Ausbildung und der Berufswelt konfrontiert werden, darauf sind sie in unserer «Kommunikationsgesellschaft» höchst ungenügend vorbereitet. Der schöne Schein, der relative Wohlstand ihrer Kindheit und die alten Werte ihrer Eltern wiegen sie eine Zeitlang in Sicherheit und gaukeln ihnen eine komfortable Zukunft nur vor. Bis sie merken und nicht länger verdrängen können, daß hier etwas nicht stimmt, daß sie sich in einem falschen Koordinatensystem bewegen. Wie werden sie darauf reagieren?

Die Mär von der Leistungsgesellschaft

«Nicht weil es schwer ist, fangen wir es nicht an,
sondern weil wir es nicht anfangen, ist es schwer.»
(Seneca)

Jeder ist seines Glückes Schmied.» Man mag bezweifeln, ob dieser Satz jemals wahr gewesen ist. Unzweifelhaft dürfte sein, daß ihm heute keine Relevanz mehr zukommt, sondern daß er bloß noch eine rhetorische Formel darstellt – ein vielleicht wohlmeinender, aber kraftloser Ansporn für Entmutigte. Immer mehr junge Menschen können in unserer Gesellschaft eben nicht mehr ausschließlich kraft eigener Leistung und eigenen Engagements erfolgreich sein, sondern nur noch über ererbtes oder ergaunertes Kapital, durch Klüngel oder Protektion und hin und wieder sicher auch noch durch Zufall. All diese privilegierten Karriere- und Wohlstandspfade haben mit dem Erfolgsmodell Bundesrepublik nicht mehr viel gemein. Sie ähneln eher den Verhältnissen in den sogenannten Bananenrepubliken.

Wie anders soll man ein Land nennen, in dem die Witwe eines Altnazis dem Staat – rein monetär – mehr wert ist als ein junger alleinverdienender Diplomphysiker mit seiner Frau und den drei hoffnungsvollen Kindern, falls er überhaupt eine Stelle hat und nicht, wie so oft, dem Arbeits- bzw. Sozialamt überantwortet wird? Wie anders soll man ein Land nennen, das nicht Chancen gewährt und Leistungsbereitschaft honoriert? Wo Engagement und Zivilcourage einzelner weniger zählen als der Gruppendruck, der von Parteifreunden, Verwandtschaftszirkeln und Klüngelconnections erzeugt wird, und zwar auf allen gesellschaftlichen Ebenen, in den Universitäten, den Verwaltungen, im Schuldienst, in den Verbänden, sogar bei den angeblich so freien Unternehmen?

Ungeachtet der supranationalen Einflüsse auf Wirtschaft und Gesellschaft darf die Politik nicht länger zusehen, wie die nachfolgende Generation systematisch demotiviert und entmutigt wird. Die Folge unserer Ausweichmanöver vor den realen Konfliktthemen ist die konkrete oder die innere Verweigerung immer mehr Jugendlicher. «Legal, illegal, scheißegal» lautet die Chronologie ihrer Verabschiedung von der Leistungsgesellschaft.

Schon heute spielt sich die Lebenswirklichkeit der Menschen zunehmend außerhalb der staatlich vorgegebenen Rechts- und Sozialnormen ab. Auf der Flucht vor dem allgegenwärtigen Zugriff eines immer gefräßigeren Staates sind die Vermögenden mitsamt ihrem Kapital längst ins rettende Ausland geflüchtet und die Zurückbleibenden – wo es nur ging – in die zahlreichen Schlupflöcher und Nischen der überforderten Versorgungssysteme. Für die schwindende Gruppe derer, die dieses Gemeinwesen noch durch korrekte Steuern und Abgaben finanzieren, wird die Belastung allmählich unerträglich. Aber auch ihre Zahl sinkt, weil ihre Moral, der Common sense, untergraben wird. Wer will es ihnen verübeln?

Fassen wir es in ein Bild: Wie auf einer Galeere in stürmischer See wird ihnen an den Rudern die Schlagfrequenz vorgegeben, damit die Passagiere des Oberdecks beizeiten das rettende Ufer erreichen. Den rudernden Erwerbstätigen geht aber langsam die Puste aus, zumal die Ernährung zu wünschen übrig läßt. Vielleicht ist es doch an der Zeit, den üppigen Proviant der privilegierten Klientel auf dem Oberdeck etwas anders zu verteilen und gleichzeitig über einen Schichtwechsel und eine gerechtere Belastungs- und Ressourcenverteilung nachzudenken. Denn statt die Mahagoniausstattung auf dem Oberdeck zu wienern, wäre es nicht nur sinnvoll, sondern nötig, die Leckagen am Schiffsrumpf abzudichten, um den Kahn sturm- und seefest zu halten. Dazu aber müßten alle mit anpacken und zumindest vorübergehend auch Aufgaben übernehmen, die unter ihrer «Würde» sind, weil sie ja eigentlich eine Passage erster Klasse gebucht haben.

Dieses Bild hat Schieflage, ich weiß es, denn es suggeriert, daß wir alle noch in einem Boot sitzen und ein gemeinsames Ziel verfolgen. Die Realität sieht längst anders aus. Die Kapitalkräftigen haben selbst bei stürmischer See noch die Möglichkeit, auf eines der vielen motorisierten Begleitschiffe unter anderer Flagge überzuwechseln; und die Privilegierten verschanzen sich in ihren Mahagonisuiten und brüllen «Vertrauensschutz», während die Besatzung unter Deck auf dem Zahnfleisch kriecht. Wann werden die Oberdeckpassagiere endlich begreifen, daß auch ihr Wohlergehen an Bord von der Kraft der jungen Männer und Frauen an den Rudern abhängt?

Die Politik und insbesondere die Sozialpolitik der heimlichen, parteiübergreifenden «Sopo»-Fraktion hat den Kahn systematisch überladen und der Besatzung unverantwortlich die Rationen gekürzt. Jetzt brechen auch noch die Ruder weg, und der Sturm bläst kräftiger als je zuvor. Das ist die rauhe Wirklichkeit der Beteiligten vor Ort, während in der Konzernzentrale der Schiffahrtsgesellschaft auf dem fernen Festland schon die nächsten Passagen verscherbelt werden – auf Drängen der Aktionäre und im Namen des Shareholder-value allerdings mit reduzierter Besatzung und verkürzter Passagezeit.

Die sozialen Verwerfungen, die allen alten Industrienationen während der Umbruchphase ins Haus stehen und denen wir aus Gründen der globalen Konkurrenz nicht gänzlich aus dem Weg gehen können, wirbeln unser Land und alle vergreisenden Sozialstaaten kräftig durcheinander. Die Zahl der sozialen Brandherde wird ständig ansteigen. Es sei denn, die Verantwortlichen versuchten, die überkommenen Wohlstandsträume mit der Notenpresse zu bedienen – egal in welcher Währung. Doch da sei Maastricht und ein vernünftiger Stabilitätspakt vor! Denn sonst käme der Knall zwar etwas später, aber nicht weniger heftig. In Form einer Inflation, in deren Verlauf sich der Staat entschuldet, wofür aber der «kleine Mann» die Zeche zu zahlen hat.

Abschottungspolitik mit artifiziellen Märkten ist im Zeitalter der modernen Kommunikationstechniken ebenso irreal, so verzweifelt sie auch von ihren Exegeten gepredigt wird. Wo mit Teleworking und Telebanking sekundenschnell weltweit agiert und reagiert werden kann – noch dazu im weitgehend rechtsfreien Raum –, ist der Handlungsspielraum nationaler oder regionaler Finanzpolitik schnell erschöpft.

Der größtmögliche aktuelle Handlungsspielraum nationaler Politik besteht noch in der Forcierung eines überfälligen Mentalitätswandels. Parallel dazu müssen die alten Sozialsysteme reformiert und die Jugend-, Familien- und Bildungspolitik an die realen Verhältnisse angepaßt werden. Und zwar so schnell wie möglich. Erst danach machen Anschubfinanzierungen Sinn. Sonst scheitern wir am Sozialen noch schneller als an der Ökonomie oder der Ökologie. Die drohenden sozialen Konflikte werden sich nämlich vor allem an unhaltbaren Versprechungen, an ungerecht verteilten Lasten und an vorenthaltenen Chancen entzünden. Und die genannten «Sünden» werden vorrangig an der Jugend begangen. Um die Ausbildung, die Arbeitschancen und die Alterssicherung unserer Kinder sieht es mehr als düster aus.

Dumm gelaufen

> «Als ich so studierte und schlief ...»
> *(Georg Christoph Lichtenberg, 1742–1799)*

Angehende Bankkaufleute, die keinen Dreisatz können, Bewerber in Zeitungsredaktionen, die keinen fehlerfreien Lebenslauf zuwege bringen, Wirtschaftsstudenten, die Korea in Kleinasien suchen, Jugendliche, die nur Länder kennen, in denen es Robinson-Clubs oder Dependancen des Club Méditerranée gibt – dies alles ist symptomatisch. Wir haben viel Potential bei der jungen Generation brachliegen lassen. Der Vorwurf gilt der verquasten Bildungspolitik der siebziger Jahre und den Lehrern, weniger den Schülern.

Welche in Schule oder Hochschule erlernten Qualitäten und Erfahrungen sollten unsere Kinder beim Kampf um ihre Chancen einsetzen? Das, was sie gelernt haben, brauchen sie zumeist nicht, und das, was sie heute brauchen, ist im Standardprogramm der schulischen Ausbildung nicht vorgesehen.

Sie haben die ökonomischen Zusammenhänge des Staates, in dem sie leben, bis zum Berufseintritt – und zum Teil weit darüber hinaus – nicht gelernt und nicht begriffen. Dafür kennen sie die Tonnagekapazitäten von Hafenbecken in der Dritten Welt. Sie wissen nicht, was brutto und netto ist, und folgerichtig auch nicht, warum ihr späterer Nettolohn ständig schrumpft. Sie können sich ab dem 16. Lebensjahr ihre Entschuldigungen für das Fernbleiben von der Schule mit den abenteuerlichsten Begründungen selbst schreiben, wissen aber nicht, was der Unterschied zwischen privater und gesetzlicher Krankenkasse ist. Was Sozialabgaben sind und wie sie mit den Bruttolöhnen zusammenhängen, ist ihnen ein Buch mit sieben Siegeln. Nie gehört! Sie wissen nicht, was die Alterskostenbelastung mit ihrer Arbeitsplatzmisere zu tun hat, geschweige denn, was Währungsdumping ist. Wie Ökonomie und Demographie miteinander verwoben sind, erklärt ihnen auch niemand. Das ist ganz so, als würden moderne Mediziner eine «Risikoschwangere» mit dem Holzstethoskop abhorchen.

Dafür werden die Kids in der Schule mit Amalgam-, Aids-, Cholesterin- und Drogendebatten zugeschüttet. Sie werden nicht systematisch in die High-Tech-Technologien des Computerzeitalters eingewiesen, nicht in On-Line-Dienste und Telearbeitschancen; sie erfahren nichts über die weltweiten Finanzströme der Großinvestoren und die Gründe für massive Kapitalbewegungen; sie halten den Rationalisierungsdruck für eine philosophische Richtung und das «Outsourcen» für eine Trainingsmethode im Motorsport. Sie leben und lernen im tiefen Wald, hinter den Bergen, bei den sieben Zwergen. Weit weg von den Anforderungen der realen Welt!

Wenn sie ins Arbeitsleben eintreten wollen, trifft sie der Schlag. Geschlossene Gesellschaft. Mit ihrer Standardausbildung an deutschen Schulen stehen sie auf verlorenem Posten. Wer sich nebenbei keine «Zusatzqualifikationen», mindestens eine Fremdsprache «in Wort und Schrift», besser noch zwei oder drei, erworben hat, gilt als schwer vermittelbar. Er ist ein Kandidat fürs Arbeits- oder Sozialamt.

Der Qualitätsverlust deutscher Ausbildung ist aber nicht nur ein monetäres Schul- oder Hochschuletatproblem, dies wäre eine unlautere Verkürzung: Schule scheitert am unklaren Auftrag, an überbordender Bürokratie und am Autoritäts- und Kompetenzverlust seiner Akteure, oft auch an der Selbstentwertung der Lehrer und der damit einhergehenden Unterforderung der Schüler. Die ideologische Nivellierungstendenz von zwanzig Jahren bundesdeutscher Bildungspolitik hat es mittlerweile geschafft, den Standard an Schulen und Hochschulen ebenso wie das Niveau der «Lehrkörper» derart nach unten zu schrauben, daß die vielgerühmte Bildungs- und Ausbildungsqualität in Deutschland nur noch eine nostalgische Worthülse ist. Selbst die ehemals als beispielhaft geltenden deutschen Universitäten werden von ausländischen Studenten jetzt gemieden. Die gehen heute lieber nach England, in die Schweiz oder an die kanadische Westküste.

Die Tendenz, das Lern- und Arbeitstempo so weit zu drosseln, daß auch der Unbegabteste mithalten kann, hat dazu geführt, daß inzwischen immer mehr hochmotivierte und leistungswillige deutsche Schüler und Studenten die Flucht ergreifen, um dem hiesigen «Bildungswesen» zu entfliehen. Sie ziehen es vor, dorthin zu gehen, wo sie beizeiten herausgefordert werden.

Die Verwässerung der Lernziele und -inhalte, die zögerliche Durchsetzung von Minimalanforderungen und das beharrliche Leugnen der Tatsache, daß es in jeder Gesellschaft «Beweger» und «Bewegte», Aktive und Passive, Begabte und weniger Begabte gibt, rächt sich heute. Wie viele ungenutzte Ressourcen, wie viele Talente durch fehlendes Wekken und Fördern hierzulande verödet und vertrocknet sind, läßt sich nur erahnen. Sie fehlen uns heute schmerzlich. Selbst Bundespräsident Roman Herzog bemerkte richtig: «Durch unser System wird der Hochbegabte nicht nur nicht gefördert, sondern häufig behindert.» Wie wahr!

Unsere Bildungsmisere ist hausgemacht. Sie ist das Produkt mißverstandener sozialer Pädagogik und fataler Gleichmacherei. Doch gerade das Bildungsdesaster eignet sich am wenigsten für Klassenkampfparolen. Arme und Reiche, Privilegierte und Underdogs – diese Bildungspolitik schädigt alle gleichermaßen. Nur mit dem feinen, aber gemeinen Unterschied, daß die Finanzstarken ausweichen können, die anderen nicht. Also alles wie gehabt. Nein, mehr noch: Man schädigt gerade diejenigen, eben die sozial Schwächeren, die man eigentlich – vorgeblich – fördern wollte. Wo liegt der Fortschritt? Was ist daran sozial?

Wer Höchstleistung verhindert, schafft flächendeckendes Mittelmaß – die Selbstverstümmelung einer Technologienation. Begeisterungsfähige junge Menschen entfliehen der Lethargie an deutschen Schulen und Hochschulen, und verantwortungsbewußte Eltern und Erzieher unterstützen sie dabei. Und die anderen? Sie werden, ehe sie sich versehen, als akademisches und nichtakademisches Proletariat in einem gnadenlosen Konkurrenzkampf mit nomadisierenden Arbeitssklaven aus aller Herren Länder sich selbst überlassen. Davor schützt sie dann keine Gewerkschaft und keine Sozialdemokratie mehr, kein Vertrauenslehrer und auch keine Gleichstellungsbeauftragte. Vor dem fast zwangsläufigen sozialen Absturz schützt sie nur ein Realitätsschock. Was sie brauchen, ist Improvisationsfähigkeit, Flexibilität, Qualifikation und rechtzeitiges Engagement, Mobilität und gesundes Selbstvertrauen. Aber wo sollen gerade die um ihre Chance betrogenen Jugendlichen solche Fähigkeiten lernen – in einer Gesellschaft, die ihnen tagtäglich politisch beweist, wie wenig ihr die Jugend wert ist?

Wer bereitet die junge Generation in den Schulen darauf vor? Wer befreit sie aus den Ritualen einer akademischen, praxisfernen Hybris an den Universitäten? Wer hat den Mut, sie zu «ent-täuschen», sie beizeiten zu desillusionieren? Das wäre Lebenshilfe pur: Ihnen den Wahn zu rauben, daß ein mittelmäßiges Soziologie-, Jura- oder Medizinstudium ihnen zukünftig auch nur den Hauch einer lebenslangen existentiellen Sicherheit bietet. Allein in der Medizin werden jährlich 12000 Ärzte ausgebildet, aber bestenfalls 2000 werden gebraucht, heute schon. Mehrere zehntausend Arbeitsplätze im Dienstleistungsbereich, etwa bei Banken und Versicherungen, werden in den nächsten Jahren dem Rationalisierungsdruck zum Opfer fallen, obwohl viele immer noch glauben, mit einer Bank- oder Versicherungslehre könne man nichts falsch machen.

Wo aber sind die praxisnahen Berufsstartrampen und die Hochschulen mit fachlicher und finanzieller Beteiligung der Wirtschaft? Wenn die Unternehmen nur noch zögerlich einstellen, muß wenigstens praxisnah ausgebildet werden. Ausbildungsabgaben bei Nichteinstellung von Lehrlingen sind der falsche Weg. Sie würden keinen seriösen Ausbildungs- oder Arbeitsplatz schaffen, sondern lediglich eine neue Bürokratie entstehen lassen und die elende «Abgabenkultur» in diesem Land zementieren, die es gerade zu bekämpfen gilt. «Kasse macht sinnlich» – der Branchenslogan der Versicherungsszene gilt auch hier. Sinnvoller wäre da schon der Entzug öffentlicher Aufträge, die Nichtgewährung von Subventionen und Forschungsgeldern etc. Außerdem sollten die Sozialpartner, insbesondere die Gewerkschaften ein Einsehen haben und das ineffiziente duale System einer strengen Fitnesskur unterziehen. Der träge Apparat reagiert viel zu langsam auf den Strukturwandel der Wirtschaft und die veränderten Berufsbilder.

In vielen modernen Dienstleistungsberufen fehlten lange Zeit klar definierte Ausbildungswege. Gott sei Dank, ist man geneigt zu sagen. Das war die Chance für pfiffige Quereinsteiger und Fachkräfte aus technischen Bereichen mit Praxiserfahrung. Sie erweisen sich derzeit als Gewinner des Bildungsdesasters, nach dem Motto: Learning by doing. Sie halten heute mit Phantasie und Power ganze Branchen (etwa in der Musik-, Computer- und Videoszene) in Schwung. Aber auch in den sogenannten seriösen Branchen werden die «Praktiker» immer beliebter. Jünger als Hochschulabsolventen, bescheidener in ihren Gehaltsvorstellungen, belastbarer, weniger arrogant, weniger verwissenschaftlicht, sind sie die Renner bei den Personalchefs der großen Konzerne. Für die Routine in einer Rechtsabteilung reicht die Basiskenntnis eines Rechtspflegers mit Traineeprogramm allemal, heißt es lapidar.

Fazit: Unsere Schulen und Hochschulen sind muffig und verstockt, unsere Ausbildung zu formalistisch. Das duale

System ist ineffizient und zu zeitaufwendig. Längst müssen auch wir unsere Kinder woanders in die «Lehre» geben, damit sie konkurrenzfähig bleiben: als Studenten, aber auch als angehende Meister. Da unterscheiden wir uns – bei ehrlicher Betrachtung – nur unwesentlich vom Mezzogiorno oder den Pufferstaaten im Osten.

Nichts wie weg!

> «One day you'll see
> that I am gone.
> Tomorrow will be rain
> so I follow the sun.»
> *(Beatles-Song)*

Der wahre Luxus der Erfolgsgesellschaften am Ende des zwanzigsten Jahrhunderts ist nicht die Drittvilla in Miami, auch nicht das Poloturnier in Buenos Aires, sondern die systematische Investition in eine gute Ausbildung der Kinder. Möglichst polyglott sollen sie sein, möglichst kosmopolitisch und – man höre und staune – möglichst diszipliniert. Darin unterscheiden sich die Elternansprüche der intellektuellen Eliten in Amerika nicht von den Geldeliten in Kasachstan oder von kulturbesessenen Koreanern, die ihre musisch begabten «Wunderkinder» zu exklusiven Privatstudien bei Geigen- oder Klavierlehrern in die Staaten schicken, um alles aus ihnen herauszuholen, was in ihnen steckt oder was ehrgeizige Eltern in ihnen vermuten.

In den Elite-Universitäten und Internaten der USA, Englands und der Schweiz treffen sich schon heute Bostoner oder Hamburger Politiker- und Professorenkids mit dem Nachwuchs der neuen Geldelite aus Moskau oder Prag, aber auch dem Dachdeckersohn aus Wanne-Eickel, Söhne israelischer Immobilienhaie mit den Töchtern sizilianischer oder ungarischer Mafiosi, der luxemburgische Bankierssohn mit den Aufsteigern aus dem Leningrader Ikonenhandel oder der Geldwäscherszene Südamerikas. Eine explosive internationale Mischung, geeint durch eine gemeinsame Erfahrung: «Money makes the world go round.» Hier mischt sich alter Adel und neues Geld, altes Geld und neuer Adel. Man versteht und respektiert sich. Über das «Woher» wird nicht lamentiert. Über das «Wohin» sind sich alle einig: Oben sein und oben bleiben, dort, wo das große Rad gedreht wird, in den einflußreichen Sphären in Wirtschaft, Politik und Kultur.

Das Prinzip der École Nationale Superieure in Frankreich oder die Eliteinternate in England und Amerika mit ihren über Jahre gewachsenen Verbindungen und Freundschaften haben die Effizienz von «old boys networks» unter Beweis gestellt. Das Prinzip der gemeinsamen Ausbildung, die lebenslang zusammenschweißt, ist weltumspannend geworden. In Frankreich sind viele einflußreiche Spitzenpositionen in Politik und öffentlicher Verwaltung, in Industrie und Wirtschaft mit ehemaligen Absolventen dieser Eliteschmieden besetzt. Wer sich kennt, der hilft sich gegenseitig in die Steigbügel. Auch die Europapolitik wird von solchen ehemaligen Schulcliquen dominiert.

Doch auch weit unterhalb solcher Elitezirkel mit ihrem feudalen Standesbewußtsein reift bei immer mehr Schülern und Eltern die ungute Ahnung, daß das Anforderungsprofil in deutschen Schulen und Unis im internationalen Vergleich nicht mehr ausreicht. Und ich fürchte, sie haben recht. Für das Zeitalter der Telekommunikation, der Hochtechnologie in allen Produktionsbereichen, der computerisierten Entwicklungsabteilungen oder der internationalen Finanzwelt sind deutsche Kinder provinziell vorbereitet. Also gehen die Aufgeklärten und Motivierten freiwillig auf strenge, oft ausländische Schulen, in denen ihnen weit mehr Engagement und Initiative abverlangt wird als hierzulande. Und sie gehen, weil sie das wollen, nicht etwa, weil man sie zwingt.

Sie gehen, weil sie begriffen haben, daß das deutsche Bildungsniveau kein Garant mehr ist für ihre Zukunft, daß sie mehr tun müssen, als hier verlangt wird. Sie gehen, weil sie Eltern haben, die sie nicht nur ziehen lassen, sondern die ihren Entschluß mittragen, direkt oder indirekt, durch Finanzhilfen, wenn sie es können, oder durch die Unterstützung bei der Bewerbung um Stipendien. Wer kann, schickt seine Kinder schon während der Gymnasialzeit, im zarten Alter von sechzehn, siebzehn Jahren, ins Ausland, nach England, Kanada oder Amerika. Nur wenige können solche Aufenthalte aus der Portokasse zahlen. Im Gegenteil: Für das Schulgeld dieser Privatschulen mußte schon manche Immobilie versilbert, manches Erbe aufgezehrt und oft auch Verzicht geleistet werden.

Ein Privileg für Vermögende? Durchaus, wenn es sich um Daueraufenthalte handelt; keineswegs, wenn es nur um ein Austauschjahr oder um einen einjährigen Aufenthalt in einer ausländischen Familie geht. Dafür gibt es zahlreiche Organisationen und Stipendienvergabestellen, und es müssen noch viel mehr werden. Wer nicht gerade am Existenzminimum lebt oder arbeitslos ist, kann die darüber hinaus erforderlichen Summen über Konsumverzicht oder aus dem Eingemachten aufbringen. Es ist eine allemal lohnende Investition, jedenfalls sinnvoller als ein neues vollverchromtes Badezimmer oder ein neuer Zweitwagen für die Drittgattin.

Und dennoch: Die Kids aus privilegierten Elternhäusern sind hier eindeutig im Vorteil, finanziell und intellektuell. Die sozial Schwachen, sicher auch die weniger Begabten, laufen in die Falle einer überprotektionistischen deutschen Bildungspolitik, die sie allzu lange in Sicherheit und Hochmut gewiegt hat, um sie nun ganz schamlos im Regen stehenzulassen. Chancengleichheit? Bildung auch für Arbeiterkinder? Wie war das doch gleich? So grausam kann illusionäre Bildungspolitik sein, so rücksichtslos, so unsozial, so brutal und unnachgiebig zu denen, die nicht rechtzeitig informiert wurden, die weder über aufgeweckte Lehrer noch über ein engagiertes Umfeld verfügen und deren Familien finanziell gerade eben über die Runden kommen.

Doch obwohl inzwischen auch immer mehr Mittelschichtsfamilien auf ökonomisch schwierige Zeiten zusteuern, treten Tausende von jungen Deutschen jährlich den Weg ins Ausland an – und es werden mit jedem Jahrgang mehr. Sie vollführen Freudentänze, wenn die Zusage für ein Auslandsjahr ins Haus flattert; da hüpft das Herz, auch wenn bei den Eltern ein bißchen Wehmut mitschwingt. Und ehe man sich versieht, sind sie weg. Ein mutiger Schritt von Sechzehn- oder Siebzehnjährigen, ein Schritt nach vorn. Nicht zuletzt auch eine Flucht vor dem Gammeljahr in der elften Gymnasialklasse in Deutschland, dem Sammelbecken irrwitziger Schulideologien, das zu einem flächendeckenden Übel im bundesdeutschen Schulsystem geworden ist. Hier wäre ein Ansatzpunkt für die Umsetzung der berechtigten Forderung nach kürzeren Schulzeiten.

Dieses «Gammeljahr» entwickelte sich zum Fluchtjahr für

die Motivierten: Keine Ausfallstunden mehr, keine unentwegt unpäßlichen bundesdeutschen Lehrer, auch keine blöden Hahnenkämpfe mehr um die Hackordnung in der Gruppe. Keine deutschen «coolen» Typen, dafür vielleicht andere, aber nicht mehr die gelangweilten teutonischen Hänger mit Machoallüren, mit Käppi auf Kahlkopf und Kippe im Mundwinkel, die aus purer Nichtsnutzigkeit abends Absauforgien organisieren; alle diese «Mister Bombastics», die mit ihren atavistischen Sprüchen und ihren groben Männlichkeitsritualen irritierte 68er-Mütter erschaudern lassen; sechzehnjährige Rowdies in den Schulen, die sich benehmen wie Landser im Dreißigjährigen Krieg, die Apfelkorn statt Schulkakao schlucken und unsere Schulen zu sozialen Brennpunkten machen.

Die Engagierten unter den Kindern und Jugendlichen gehen, weil sie begriffen haben oder weil man ihnen begreiflich gemacht hat, daß perfekte Kenntnisse von mindestens zwei, besser drei Weltsprachen, daß Mobilität, Improvisationsfähigkeit und Auslandserfahrungen die Startchancen für ihre berufliche Zukunft eindeutig verbessern. Weil sie begriffen haben, daß nichts mehr so sein wird, wie es früher war. Zu Zeiten ihrer Eltern, als ein abgeschlossenes Hochschulstudium noch als Garant für fast lebenslange Sicherheit gelten konnte – in den sogenannten «freien» Berufen zumindest, als Ärzte oder Anwälte, als Ingenieure, aber auch als Lehrer oder in einer Verwaltungskarriere, in Verbänden oder Parteien, als Beamte oder Angestellte bei Bund, Ländern oder Kommunen.

Dies alles ist nun vorbei. Engpässe, Einstellungsstopps, wohin man sieht. Selbst der öffentliche Dienst fällt als Auffangbecken aus: Ebbe in den Kassen und Verstopfung in den Karrierepipelines. Vorbei die Zeiten, als sich junge Ärzte vor Stellenangeboten nicht retten konnten, als der öffentliche Dienst Heerscharen von Psychologen, Pädagogen, Soziologen und anderen Wohlstandswissenschaftlern unter seinem üppigen Rockschoß millionenfach Unterschlupf und eine gutdotierte warme Nische gewährte. Vorbei die Zeiten, in denen Naturwissenschaftler in der boomenden Chemie- und Pharmaindustrie in Deutschland großzügig dotierte Nonsens-Forschungsstellen bekamen. Vorbei die Zeiten, da Techniker und Architekten aus prallgefüllten kommunalen Säckeln Großaufträge für gigantomanische Protzbauten in Infrastruktur und Repräsentationsarchitektur nach Hause schleppten. Die letzte Hausse war nach der Wende, aber sie war nur von kurzer Dauer. Ein letztes Aufbäumen vor dem Kollaps sozusagen – präfinales Zucken –, finanziert auf Pump. Von nun an wird es eng.

Engagement für die Jugend? Leistungsförderung? «Alles viel zu teuer. Wir müssen sparen!» Ja, ja: Aber nicht ohne Sinn und Verstand! Ich halte konzeptloses Sparen auf dem Rücken unserer zukünftigen Leistungsträger für einen sträflichen Fauxpas in einem Land, das nur mit technischer Brillanz den Anschluß an das Weltniveau wiederfinden und konkurrenzfähig bleiben kann. Allerdings: Geld bedeutet nicht automatisch Bildung, rein monetäres Investment bringt noch keinen Forschergeist hervor, Leistungsbefreiung fördert nicht zwangsläufig die Kreativität. Und gerade an fachübergreifender Bildung, unabhängigem Forschergeist und Kreativität mangelt es in Deutschland, zumindest dort, wo institutionell geforscht, ausgebildet oder entwickelt wird. Die Bürokratisierung unserer Hochschulen und Akademien hat die Spielwiesen der Innovation und des Fortschritts mit Verordnungen, Verwaltungsakten und Entscheidungshemmnissen zugepflastert. Wo deutsche Bürokratengründlichkeit erst einmal drübergewalzt ist, da wächst kein Gras mehr.

Die Folge: Die deutsche Wirtschaft vergibt zunehmend Forschungs- und Entwicklungsaufträge ins Ausland – seit 1991 ist der Anteil der Auslandsforschung um 40 Prozent gestiegen. Diese Entwicklung dokumentiert die Kompetenzeinbußen einer ehemals führenden Forschungsnation, neben den sicherlich berechtigten Kosten- und Regulierungsargumenten, die eindeutig gegen den Standort Deutschland sprechen. Die Folgen sind fatal, denn die Forschung zieht die Produktion nach sich und damit die Arbeits- und Ausbildungsplätze für unsere Jugend. Dem Exodus der Forschungseliten folgt dann der Exodus der Arbeitsstätten und die weitere Schließung von Produktionen hier – auch wenn einzelne heimische Firmen von Zuliefer-Exportaufträgen profitieren mögen.

Allerdings: Lediglich die Forschungsetats aufzustokken, ist nicht die Lösung. Ohne Senkung der Arbeits- und Produktionskosten sowie der Regulierungshemmnisse läßt sich das Debakel nicht aufhalten. Sonst bleibt es bei dem bewährten Modell cleverer Industrieunternehmen: In Deutschland Forschungssubventionen einstreichen, aber im Ausland kostengünstig produzieren und die Gewinne mit Minimalmargen im Ausland versteuern. Die Vergabe von staatlichen Forschungsgeldern an die verbindliche Zusage zu hiesiger Produktion, zur Errichtung von Arbeits- und Ausbildungsplätzen für junge Menschen zu koppeln ist überfällig. Die Zahlung der Subventionen in Raten und nur nach Erfüllung dieser Auflagen versteht sich von selbst.

Sieht man einmal von den Absetzbewegungen der deutschen Forschungsszene in Wissenschaft und Industrie aus betrieblichen und bürokratischen Gründen ab und betrachtet das große Ganze, muß man feststellen, daß die Gewichtungen unserer staatlichen Ausgabenpolitik äußerst eigenwillig anmuten. Die Mittel, die wir in unabhängige Forschung investieren, sind gemessen an den Ausgaben für Soziales, für Altersversorgung und Wohlstandskonsum mehr als bescheiden. Wir haben den Ernst der Lage ganz offensichtlich noch nicht begriffen und präferieren die konsumtiven Vergnügen. Der Bonner Etat für Forschungsausgaben (außerhalb der Hochschulen) betrug 1993 gerade einmal 17 Milliarden DM; fast exakt soviel geben die Sozialkassen jährlich für Kuren aus, fast dreimal soviel ließen sich die Bürger ihre Freizeitutensilien kosten. Und die Gesamtaufwendungen in der Bundesrepublik für Forschung und Entwicklung, inklusive der Ausgaben in privaten Unternehmen, liegen mit 81 Milliarden DM unter der Summe, die die Deutschen pro Jahr allein für Urlaubsreisen ins Ausland ausgeben (1994: 87 Milliarden DM).

Das Desaster der Bildungs- und Forschungspolitik ist aber – wie gesagt – nur vordergründig eine Frage mangelnder Geldmittel. Eine Verkürzung der Thematik allein auf den monetären Aspekt wird der Problematik nicht gerecht. Im Gegenteil: Verknappung von willfährig gewährten Finanzmitteln und eine Effizienzkontrolle, Zeit- und Präsenzvorgaben in Studium und Lehre, Praxis- und Marktnähe der Ausbildung müssen die ersten Schritte zur Neujustierung sein. Solche Maßnahmen würden die Improvisationsfähigkeit und Effizienz unserer geistigen Eliten erst wieder herausfordern.

Um unsere Hochschulen im eben beschriebenen Sinne zu revitalisieren, wären ein vorgezogener Generationswechsel an den Universitäten, forcierte Personalfluktuation und die Sprengung vermuffter Hierarchien in Forschung und Lehre vonnöten. Der verhängnisvolle Fehler der staatlich subventionierten Forschungspolitik der letzten Jahrzehnte war ihre personelle Aufblähung in den Funktions- und Verwaltungsbereichen, ihre übermäßige Ausrichtung auf etablierte, eingefahrene Großinstitute, in denen Beamtenmentalität und innere Kündigungen an der Tagesordnung sind. In Universitäten, im Staatsdienst und in subventionierten Großunternehmen wimmelt es von hochdotierten Nebenbeschäftigten, die ihren Beamten- oder Projektleiterstatus elegant als Plattform und oft beihilfeberechtigte Basisstation für allerlei lukrative Zusatzjobs ansehen – Personal- und Sachbenutzung inklusive. Erst kürzlich wurde ein Oberlandesgerichtspräsident vom Dienst suspendiert, weil er es einen Tick zu weit getrieben hatte (immerhin gestattet das Richtergesetz, 20 Prozent der Arbeitszeit für Nebentätigkeiten aufzuwenden; das allein ist schon unglaublich). Im Nebenjob bereits stellvertretender Treuhänder für eine Hypothekenbank (1950 DM im Monat), strich er noch einmal nebenbei mehr als 1,3 Millionen DM für ein von der IG Metall in Auftrag gegebenes Gutachten ein. Chapeau!

Im akademischen Betrieb sieht es kaum anders aus. Das Bestreben, «passende» Wissenschaftler und staatlich finanzierte Forschung in die firmeneigene Produktentwicklung einzubeziehen und gezielt über Drittmittel zu sponsern, sogar Professoren als Gesellschafter an Konzernen (zum Beispiel in der Gen- und Biotechnologie) zu beteiligen, ist mittlerweile gängige Praxis. Ein akademischer Nimbus für die

Reputation, der kostenlose Einsatz staatlich subventionierter Mitarbeiter, Institute und Sachleistungen: ein feiner Deal!

Kurz: Allein die Aufstockung von Finanzmitteln in Wissenschaft und Forschung ohne die vorherige Änderung der bürokratischen, ineffizienten Personal- und Entscheidungsstrukturen verbietet sich heute geradezu. Davon würde nur der alte Filz profitieren. Wer wirklich an konkurrenzfähigen Innovationen und einer echten Gründerinitiative interessiert ist, muß mehr Risikokapital in die kleinen Entwicklungsbetriebe lenken, Experimentierfreude unterstützen, auf den nichtakademischen Humus setzen. Das hätte zugleich einen nicht unerheblichen Effekt auf den Arbeitsmarkt. Denn überwiegend in den kleinen und mittleren Unternehmen entstehen heutzutage noch tragfähige Arbeitsplätze – Jobs, die unsere Kinder so dringend brauchen und für die sie wirklich gebraucht werden. Die großen Betriebe zeichnen sich derzeit fast ausnahmslos durch Entlassungen und Stellenabbau aus.

In den mittelständischen Ingenieurbüros, den Labors, den Entwicklungszentren kleiner, innovativer Firmen und in den Auslandsdependancen verlagerter Betriebe liegen die Chancen für unsere Kinder. Da ist es doch allemal besser, wenn sie dort vor Ort – und sei es im Ausland – den Aufbau eines Werkes verfolgen, die Logistik erlernen und Verbindungen knüpfen, als wenn sie hier in staatlichen Nonsens-Beschäftigungsprogrammen und Betriebssimulationen von Schein-GmbHs an der Realität vorbeilernen.

Wir brauchen die Jungen überall dort, wo es brummt. Wo Leben und Bewegung ist, wo ganz konkrete Probleme auf ganz konkrete Lösungen warten – und nicht in den simulierten Lebenswelten eines auf Pump finanzierten «zweiten» Arbeitsmarktes. Sie gehören in die in- und ausländischen Forschungseinrichtungen und Produktionen von Zukunftsbranchen, und sei es als Lehrlinge oder Praktikanten, und sei es kurzfristig auch umsonst. Dort sollen sie schnuppern, zusehen, zur Hand gehen, wo immer es geht, und selber probieren, was das Zeug hält; sich bewähren dürfen und nicht sozialstaatlich verwahrt werden. Das müßten wir ihnen ermöglichen. Dafür lohnte es sich, Staatskredite aufzunehmen, aber nicht, um sie auf Steuerkosten ruhigzustellen oder sie zum Lustwandeln mit Jungsenioren in die Parks zu schikken oder Zigarettenkippen im Wald aufzusammeln. Gemeinschaftsarbeiten, Freizeit- und Kinderbetreuung, daran könnten sich auch frühpensionierte Staatssekretäre und «ausgebrannte» Lehrerinnen und Lehrer beteiligen, überhaupt alle, die sich unanständig früh auf Staatskosten aus dem Erwerbsleben zurückgezogen haben, als ginge sie der Rest der Republik nichts mehr an. Zur Finanzierung eines wohligen Jungseniorenkults dürfen keine Staatskredite mehr aufgenommen werden. Das wäre die pure Verachtung gegenüber der Jugend. An diesem Ballast werden sie scheitern, und wir mit ihnen.

Aber ich greife vor. Denn einmal unterstellt, es gelänge, den Bildungs- und Ausbildungsbereich gründlich zu reformieren, wäre unsere Jugend zwar immer noch nicht gut, in jedem Fall aber besser gerüstet. Doch wofür? Auf dem Arbeitsmarkt sieht es ja nicht weniger desolat aus als im Bildungswesen. Müssen sie also erneut die Flucht antreten, um anfangen zu können, so wie viele die Flucht angetreten haben, um für diesen Anfang überhaupt gerüstet zu sein?

Feierabend

> «If you can't really do it well,
> try to enjoy doing it badly.»

Die beschauliche Ruhe der deutschen Arbeitnehmer und ihrer Gewerkschaften ist in den letzten Jahren kräftig aus den Fugen geraten. Die Tarifidylle mit allenfalls ritualisiertem Säbelrasseln gibt es nicht mehr. Nationale Entscheidungen sind kaum noch relevant. Das Theater um das Entsendegesetz in der Bauwirtschaft dokumentierte exemplarisch, wie empfindlich alle Beteiligten mittlerweile geworden sind und wie sehr die Interessen von Fachverbänden und ihren Dachverbänden schon heute differieren. Überall breitet sich unter dem Druck des Alltagsgeschäftes der Spaltpilz aus – zumindest dort, wo weltweit konkurriert wird.

Durch die neue Unübersichtlichkeit und Hektik der globalen Ökonomie ist die nationale Politik mit ihrem mühseligen Herumdoktern an starren Systemen in die Tempofalle gelaufen – und zwar je verkrusteter die Strukturen, um so schneller. Gesetzesänderungen erfolgen zu spät, zu halbherzig und geraten zur Farce, weil sich die Rahmenbedingungen schon während der Korrekturphasen wieder gewandelt haben. Oder weil ideologische Zuspitzungen einer sachgerechten Lösung im Wege stehen – wie etwa bei der «heiligen Kuh» Lohnfortzahlung im Krankheitsfall.

Eines steht fest: Die Zeiten realer Vollbeschäftigung ohne staatlichen Subventionismus sind vorbei, die hehren Wohlfahrtsgarantien geplatzt. Davon wird uns auch die Ideologie der Teilzeitarbeit und des Überstundenabbaus nicht gänzlich erlösen. Weder unter der Prämisse der Beitragsfinanzierung über Arbeitskosten noch unter den Vorgaben seriöser Finanzplanung ohne massive Verschuldung zukünftiger Generationen lassen sich die stolzen Ideale unserer Sozialversicherungssysteme aufrechterhalten. Es sei denn, man spekuliert insgeheim auf Inflation und Abwertung.

Schon heute werden mit Arbeitsbeschaffungsmaßnahmen, Umschulungsprogrammen und diversen Benachteiligtenprojekten Millionen Arbeitssuchende in subventionierten Institutionen geparkt und damit aus der offiziellen Arbeitslosenstatistik herausgemendelt. Auf Dauer ist diese Realitätsvertuschung nicht durchzuhalten, zumal sie die dramatische Entwicklung des realen Arbeitsmarktes verschleiert. Oft genug verhindern solche Scheinbeschäftigungen reelle Arbeitsverhältnisse. Bei Lichte betrachtet, dürfte sich die Zahl der Arbeitslosen eher bei acht Millionen bewegen als bei der offiziellen Angabe von rund vier Millionen. Von all den resignierten Frauen, die sich erst gar nicht mehr arbeitslos melden, sprechen die Herren in Bonn und Nürnberg erst gar nicht. Was diese ungeschönten Zahlen für das gesellschaftliche Klima bedeuten, läßt sich unschwer erahnen. Und dennoch: Sie entsprechen wenigstens der Wahrheit, wenn auch einer unbequemen, und können die Notwendigkeit grundlegender Reformen und sogar grundgesetzlicher Korrekturen eindringlich deutlich machen.

Die Interessen der sozialbeitragspflichtigen Erwerbstätigen stehen schon heute den Interessen derer, die über Steuern und Sozialkassen finanziert werden – egal ob jung oder alt, ob Sozialhilfeempfänger, Rentner oder Pensionär – diametral entgegen. Wollen die einen verständlicherweise möglichst hohe Nettolöhne und -gehälter und möglichst wenig Steuern und Sozialbeiträge, lassen sich die wachsenden Ansprüche der anderen nur über massive Beitrags- und/oder Steuererhöhungen auf Dauer finanzieren. Da beißt sich die Katze in den Schwanz. Die Anpassung der Renten beispielsweise an die Nettolohnentwicklung – das heißt, mit sinkenden Beiträgen zu den Sozialversicherungen steigen die Renten – verkompliziert die Sachlage und kommt erschwerend hinzu. Jede erwünschte Senkung der Erwerbstätigenbeiträge zu den Sozialversicherungen bedeutet nach geltendem Recht automatisch eine Erhöhung der Renten all derer, die schon aus dem Arbeitsprozeß ausgeschieden sind. Ein Teufelskreis, der, wenn auch mit Schmerzen und Gezeter, durchbrochen werden muß.

Ebenso konfliktgeladen ist das Verhältnis von Arbeit in den Produktions- und Fertigungsbereichen zu den Tätigkeiten im Dienstleistungsbereich, insbesondere im öffentlichen Dienst. Sind die Produktivjobs im exportierenden Gewerbe stark abhängig von ausländischer Konkurrenz und von den Wechselkursen, agiert der öffentliche Dienst weitgehend im luftleeren Raum, fernab von den Niederungen der Konjunktureinbrüche und drohender Firmenpleiten. Er wird aus Steuermitteln finanziert, der Staat haftet. Sobald allerdings die Kreditzinsen für die Staatsschulden steigen, wäre das finanzielle Desaster komplett. Ein Staat, der schon heute – bei zwei Billionen DM Schulden – fast jede fünfte Steuermark für den Schuldendienst aufbringen muß, sollte diesen Aspekt im Auge behalten. Doch wer ist der Staat?

Beamtentum und öffentlicher Dienst spüren den Druck globaler Konkurrenz ja überhaupt nicht und dümpeln in weltfremden Arbeitsidyllen. Ihre Lobbyisten sind mächtig, ihr politischer Einfluß beängstigend. Wer erwartet da ernsthaft, daß sich Beamte und öffentliche Bedienstete im Bundestag oder bei den Verfassungsgerichten aus «Solidarität» mit dem Rest der Republik selbst ihrer hochkomfortablen Privilegien berauben? Auch die Tatsache, daß wir ihre Besoldung und ihre Altersversorgung seit Jahren zunehmend über eine massive Verschuldung der öffentlichen Haushalte decken müssen, hat sie bislang keineswegs beeindruckt.

Hier rächt sich die Sorglosigkeit der Politik in der Vergangenheit, insbesondere in den siebziger und achtziger Jahren, als bedenkenlos Staatspersonal eingestellt wurde – Personal, das jetzt zunehmend zur Rente, Pensionierung und im großen Stil zur Frühpensionierung ansteht. Seit 1960 ist die Zahl der Beschäftigten im öffentlichen Dienst um rund 60 Prozent gestiegen. Die Personalausgaben in Bund, Ländern und Gemeinden werden deshalb in den nächsten Jahren explodieren. In manchen Stadtstaaten überschreiten die Pensionslasten schon heute die laufenden Gehälter und Bezüge der Aktiven. Gaben die Gebietskörperschaften in den alten Ländern 1990 noch 326 Milliarden DM für ihr Personal aus, so werden diese Kosten – falls keine gravierenden Korrekturen erfolgen – bis zum Jahre 2040 auf 1,1 Billionen DM ansteigen. Das entspricht einer Erhöhung des Anteils am Bruttoinlandsprodukt von derzeit 9,2 Prozent auf 14,6 Prozent. Da kommt Freude auf!

Während die Binnenkonjunktur stottert, die Arbeitslosigkeit weiter steigt und weitere Steuerausfälle zu erwarten sind, schnellen die Personalausgaben des öffentlichen Dienstes gespenstisch in die Höhe. Das kann nicht gutgehen, denn es steht zu befürchten, daß bereits in wenigen Jahrzehnten mindestens 60 Prozent der Steuereinnahmen allein für den öffentlichen Dienst aufzubringen wären, statt der heute schon beachtlichen 40 Prozent. Die nächste Generation wird sich bedanken.

An einer rigorosen Sparpolitik im Verbund mit einer Steuerreform und einer Entlastung der Arbeitskosten führt kein Weg vorbei. Egal, wer regiert. Die Beitrags- und Einkommenssteuerschraube ist schon lange überdreht. Das System der Alten- und Sozialstaatsfinanzierung muß ganz neu gedacht werden. Die systemkonservierenden Prämissen orthodoxer Gewerkschaftsvordenker und fossiler Sozialpolitiker sind nicht mehr zu halten. Die vertrauten «Totstellreflexe» verhindern die notwendige und schmerzliche Diskussion über gravierende Beschneidungen unsinniger sozialer Privilegien und überzogener Wohlfahrtsvorstellungen.

Noch aber werden in den Subventionsoasen der staatsnahen Mammutbetriebe die letzten ideologischen Schlachten gekämpft, bei der Steinkohle ebenso wie bei den Werften. Doch die Tage der autoritär agierenden Funktionäre von gewerkschaftlichen Großorganisationen sind gezählt. Je aussichtsloser ihre Position in untergehenden Branchen wird, um so heftiger sind ihre Attacken. Mit dem Wandel der Arbeitswelt durch Rationalisierung und EDV-Arbeitsplätze, durch Homeworking, Telebanking, Telemedizin, Telelearning usw. droht vielen Erwerbstätigen und damit auch vielen Gewerkschaftern die Überflüssigkeit. Die Bedingungen für Arbeit und Entlohnung in hochtechnisierten, mediengesteuerten Dienstleistungsgesellschaften mit sinkendem Produktionsanteil werden – ob man es wahrhaben will oder nicht – zunehmend wieder bilateral und direkt ausgehandelt: zwischen Arbeitgebern und Lohnempfängern selbst, bestenfalls noch auf der Ebene kooperationsbereiter Betriebsräte. Der Einfluß von Gewerkschaften wird bei diesen dezentralisierten Beschäftigungsverhältnissen merklich schwinden. Das haben sie sich zu einem nicht unerheblichen Teil selbst zuzuschreiben.

Bei allen Risiken, die diesen individuellen Arbeitsverhältnissen durch die Aufweichung sozialer Absicherungen anhaftet: Viele der gern gepriesenen sozialen «Errungenschaften» der Vergangenheit waren gesamtgesellschaftlich kontraproduktiv, viele waren sogar unsozial, weil sie die Arbeitssuchenden, vor allem die Jungen, deutlich benachteiligten. Beispiele dafür gibt es genug – unsäglicher Wildwuchs im Kurwesen oder bei der Weiterbildung, Generationenungerechtigkeit bei den Betriebsrenten; auch der Sinn von Expeditionen ins Wattenmeer als Fortbildungsmaßnahme will sich mir ebensowenig erschließen wie die qualifizierende Nützlichkeit fünftägiger Tauchkurse im Mittelmeer.

Berufsorganisationen von Großarbeitgebern und Gewerkschaften haben in den letzten Jahren durch Protektionismus und ungerechte Privilegierung ihrer Klientel einen erheblichen Teil des Vertrauensvorschusses verspielt. Mittelständische Unternehmer und Freiberufler hatten unter dem sozialpolitischen Diktat der Großen kräftig zu leiden. Ob bei der Lohnfortzahlung im Krankheitsfall, bei den Kuren, bei der betrieblichen Aus- und Weiterbildung, bei der Frühverrentung – was für die Großen verkraftbar oder sogar von Vorteil war, brachte die Kleinen bei der ersten Konjunkturflaute kräftig in die Bredouille. Es brach manchem Mittelständler sogar das Genick. Die Entwicklung der Lohnzusatzkosten traf die Kleinen deutlich stärker als die hochsubventionierten Giganten. Kleine Unternehmen konnten Konjunkturschwankungen nicht so «elegant» auffangen; sie mußten ihr nicht ausgelastetes Personal auch in Krisenzeiten mit durchziehen und scheuen nach solchen Erfahrungen jetzt Neueinstellungen.

Für junge Arbeitssuchende und Berufseinsteiger sind viele sozialstaatliche Errungenschaften der Vergangenheit, von denen ihre Eltern noch kräftig profitiert haben, heute ein Einstellungshindernis. Der Kampf um bestehende Arbeitsplätze und der schwelende Generationenkonflikt lassen sich exemplarisch an der Ausbildungssituation für die Jüngeren festmachen. So waren im Sommer 1996 etwa 117000 junge Leute in Deutschland ohne Lehrstelle, nicht eingerechnet jene «Verschiebebahnhof-Jugendlichen» von rund 80000 bis 130000, die nach erfolgloser Ausbildungsplatzsuche im Schulbereich «parken», andere Warteschleifen nutzen oder kurzfristige Jobs annehmen. Am Ende bleiben circa 15 Prozent eines Jahrgangs ohne abgeschlossene Berufsausbildung. Doch auch die anderen 85 Prozent sind noch längst nicht auf der sicheren Seite: 178000 von ihnen waren 1996, trotz einer betrieblichen Ausbildung, arbeitslos gemeldet – demnächst wird fast jeder vierte Jugendliche mit einer Ausbildung ohne feste Anstellung sein, wenn die Dunkelziffer der nicht statistisch registrierten Jugendlichen einbezogen wird. Was das bedeutet, können einige wenige weitere Zahlen deutlich machen: In der Altersgruppe der 18- bis 25jährigen gibt es 530000 Sozialhilfeempfänger; 50000 Jugendliche sind, seriösen Schätzungen zufolge, obdachlos; 220000 Fach- und Hochschulabsolventen finden keine Anstellung – ich könnte die Reihe nahezu beliebig fortsetzen.

Trotz dieser alarmierenden Daten ist die Entwicklung langfristig tragender neuer Jobs für die Jungen erst im letzten Jahr zu einem in der Öffentlichkeit diskutierten Thema geworden. Europaweit! So sind in Spanien bereits 42,5 Prozent der Berufseinsteiger zwischen 15 und 24 Jahren arbeitslos. In Italien, Griechenland, Frankreich oder Belgien bewegt sich ihre Zahl zwischen 20 und 28 Prozent. Die Jugendarbeitslosigkeit in der gesamten Europäischen Union wird mit 20,7 Prozent beziffert. Diese Tragödie stand indes schon lange ins Haus. Die Gemüter erhitzten sich jedoch bislang lieber über jede Androhung zarter Beschneidungen der älteren Generation, bei der Altersversorgung oder im Kurwesen. Dabei geht es, bei Lichte betrachtet, um eine zumutbare Reduzierung des luxuriösen Wohlfahrtsstaates für die Älteren, während die Jungen vor wirklich existentiellen Fragen stehen. Doch unsere Medien-Zapper-Gemeinde hat's halt gern schlicht und vordergründig. Daß derweil im Sozial- und Finanzbereich ein existenzvernichtender Gesellschaftskrimi zwischen den Generationen abläuft, bleibt ein Minderheitenprogramm für Insider.

Und die Tendenz geht weiter in Richtung Abbau, ob wir es hören wollen oder nicht – von einigen wenigen Boombranchen abgesehen. Personalabbau und «Outsourcing» – diese Themen werden uns die nächsten Jahre tagtäglich begleiten. Alles andere sind Sozialphantasmen ersten Ranges. Schätzungen zufolge stehen in den nächsten Jahren weitere vier Millionen Arbeitsplätze zur Disposition, vor allem im bislang verschont gebliebenen Dienstleistungsbereich. Selbst ein nennenswertes Wachstum des Bruttoinlandsprodukts, da sind sich die meisten Experten einig, wird sich auf dem Stellenmarkt nicht niederschlagen.

Die anhaltende Konjunkturschwäche – bzw. zu geringes Wachstum –, mit entsprechenden Kaufkrafteinbußen auf Seiten der Konsumenten, veranlaßt Großunternehmer und global player sowie zunehmend auch Mittelständler, ihre Betriebe dorthin auszulagern, wo sie zukünftig absatzstarke Märkte vermuten. Und das wird nicht ein Land wie Deutschland sein, in dem der Erwerbsbevölkerung immer weniger Nettolohn zur Verfügung steht, in dem die Verschuldungsquote ständig steigt und in dem, aufgrund eines Nachfragedefizits, deflationäre Tendenzen absehbar sind. Einer im Dezember 1996 veröffentlichten Umfrage des Deutschen Industrie- und Handelstags zufolge wollen fast 30 Prozent der westdeutschen Industrieunternehmen in den nächsten drei Jahren Produktionsstätten ins Ausland verlagern.

Der Konsumeinbruch ist Folge und Ursache zugleich. Wenn sich seit 1980 die Nettoeinkommen kaum verbessert haben und seit 1991 sogar Reallohnverluste zu verzeichnen sind, obwohl die Bruttoeinkommen beständig stiegen, dann müssen sich die für die Sozialpolitik und die Beitragserhöhungen Verantwortlichen in Regierung und Opposition einige höchst unbequeme Fragen gefallen lassen. Wart ihr nur ahnungslos oder habt ihr gewußt, was ihr uns und vor allem der nächsten Generation da aufbürdet?

Wir haben uns mit unseren Lohnzusatzkosten und Sozialverpflichtungen mächtig übernommen. Die Währungshandikaps mit DM-Aufwertung sowie die Schlafmützigkeit, Inkompetenz und Angestelltenmentalität unserer Großunternehmer taten das ihre. Daß sich viele Firmen zur Zeit über gestiegene Gewinne freuen, ändert nichts am Befund. Solche Produktivitätsgewinne sind zumeist die Folge von Massenentlassungen, also auf dem Rücken der Sozialversicherungen und nicht aufgrund besonders geschickter Unternehmensführung erzielt worden.

Das verlogene Lied der schmerzlosen Umverteilung mag

trällern, wer will. Wer heute noch nicht begriffen hat, daß Umverteilung allein nicht reicht, sondern ganz konkreter Verzicht von Privilegien und Sozialleistungen je nach Belastbarkeit gefordert werden muß, lebt außerhalb der Realität – der ist nicht nur nicht regierungsfähig, sondern noch nicht einmal oppositionsfähig. Es geht nicht mehr nur um Kostenreduzierung und Renditeüberlegungen, sondern auch um einen Mentalitätswandel. Es geht um die Rückkehr einer pathologisierten Jammergesellschaft zu einer zukunftsorientierten, leistungsbereiten und leistungsbelohnenden Gesellschaft. Das wird ein Herkulesakt für unsere vergreisende Demokratie. Wer dabei der Altersdebatte aus dem Weg geht, um die älteren Mehrheiten nicht aufzuschrecken, hat jeden Anspruch auf seriöse Politikgestaltung verloren – das gilt auch für die Linksparteien, die stets so vehement den Erhalt der sozialen Netze einklagen.

Daneben, aber nicht ausschließlich, ist eine Verteilungsdebatte angesagt. Beim Thema «Arbeit» zugunsten der Familien und der Jugend und beim Thema Vermögen zugunsten einer neuen Chancenverteilung für die Jungen. Allerdings, mit einer schlicht verordneten Vermögensumverteilung von Reich nach Arm ist nichts gewonnen. Kapitalverzehr ohne Zukunftsinvestition und neue Weichenstellungen führen uns nicht weiter. Oberste Priorität hat die direkte Investition in neue, tragfähige Arbeitsplätze und Entwicklungsfelder sowie eine Reaktivierung der individuellen Verantwortlichkeit aller – entsprechend der persönlichen Leistungsfähigkeit. Und gerade die wird in diesem Land nicht mehr abgerufen.

Außerdem sind die gutsituierten kinderlosen Doppelverdiener jetzt gefordert. Deren Privilegierung muß ein Ende haben. In die Jugend zu investieren, kann von ihnen ebenso erwartet werden wie von den Jungsenioren im komfortablen Ruhestand und den vermögenden Rentnern und Pensionären. Sie müssen sich stärker und länger beteiligen. Sie, nicht etwa die gebeutelte, engagierte Jugend, müssen jetzt ran. Und das ist auch zumutbar: Denn die Haushaltseinkommen der Rentner sind seit 1992 mehr als doppelt so stark gestiegen wie die Nettoeinkommen der Aktiven. Was hat die Politik sich dabei bloß gedacht?

Der leistungswillige Teil unserer Jugend (als Generation) wird die Suppe kaum auslöffeln können, die unsere Generation ihnen eingebrockt hat. Sie haben viel zuwenig Gestaltungsspielraum, um aktiv ins Geschehen einzugreifen. Sie brauchen Verbündete. «Noch nie ist eine ganze Generation so lautlos und so schamlos um ihre berufliche Zukunft betrogen worden – und sie nimmt es einfach hin» (Peter Grottian). Wie lange noch?

Die betrogene Generation

> «Laisser faire, laisser passer!»
> *(Kurt Tucholsky)*

Der Generationenvertrag ist längst zum Knebelvertrag für unsere Kinder geworden. Das Bravourstück der deutschen Nachkriegs-Sozialpolitik gerät zunehmend in Mißkredit. Auch wenn die Exegeten der reinen Soziallehre ihn verzweifelt verteidigen – er hat gravierende Konstruktionsfehler. Architektur, Statik und Substanzerhaltung des Generationenhauses stimmen nicht mehr. Jeder Insider weiß das, und dennoch: Der Garant des sozialen Friedens gilt als sakrosankt. Wer daran rührt, wird zurückgepfiffen.

Die seit 1957 geltende Regelung, daß die aktuell ausgezahlten Renten nicht aus individuell erworbenen Beiträgen, sondern im Umlageverfahren aus den Rentenversicherungsbeiträgen der jeweils aktiven Erwerbsgeneration gespeist werden, gerät bei Langzeitarbeitslosigkeit, Jugendarbeitslosigkeit, Schieflage der Demographie, immer früherem Renteneintrittsalter und immer längerem Rentenbezug gravierend in Bedrängnis. Die Schere zwischen Einnahmeseite und langfristigen Ausgabeverpflichtungen geht immer weiter auseinander. Bei 350,7 Milliarden DM Einnahmen und 360,6 Milliarden DM Ausgaben klaffte bereits 1995 eine Deckungslücke von 9,9 Milliarden DM – Tendenz steigend. Selbst die gesetzlich vorgeschriebene Schwankungsreserve in Höhe der Rentenzahlungen eines Monats kann nicht eingehalten werden – trotz erheblicher Bundeszuschüsse aus Steuermitteln.

Die Vergreisung einer verwöhnten Nation in der strukturellen Krise zeigt Wirkung. Die grundgesetzlich abgesicherten Rentenansprüche und die Pensionslasten überfordern zunehmend die Erwerbsgeneration. Der Generationenvertrag würgt seine Finanziers. Unsere Sozialpolitiker spielen eine unrühmliche Rolle in diesem Drama. Plünderungen der Rentenkassen für versicherungsfremde Leistungen durch «Diebstahl» (SPD-Sozialexperte Dressler zu CDU-Arbeitsminister Blüm im Deutschen Bundestag; darauf Blüm zu Dressler: «Dann haben Sie Schmiere gestanden!») haben die Fehlkonstruktion noch zusätzlich belastet. Dies war in der Tat politisch unverantwortlich und müßte personelle

Konsequenzen haben. Statt dessen wird weiter «geplündert»: Im Frühjahr 1996 bewilligt der Bundestag die längst überfällige Rentenregelung für die Nazi-Opfer – aber erneut zu Lasten der Sozialversicherungen und nicht etwa, wie es einer gesamtgesellschaftlichen Aufgabe allein angemessen wäre, aus Steuermitteln. Ganze zwei Aufrechte stimmten gegen das ungerechte Finanzierungsmodell, und sie kamen nicht aus den Reihen der Opposition.

Schon heute ist der Anteil derer, die ihr Einkommen über Arbeit beziehen, deutlich kleiner als der Anteil derjenigen, die von den Sozial- und Rentenkassen oder der Familie über Wasser gehalten werden. Wir machen die Arbeit teuer und begünstigen das Nichtstun. Und der Rationalisierungsdruck in der Produktion, der Run in pflichtversicherungsfreie (Schein-)Selbständigkeit, die personalschwachen neuen Technologien, die Entwicklung der Erwerbs- und Berufsunfähigkeit zu immer früheren Zeiten (das durchschnittliche Renteneintrittsalter von weiblichen Angestellten wegen Erwerbsunfähigkeit liegt bereits unter fünfzig Jahren) und der kontinuierlich fortschreitende Personalabbau werden diesen Trend noch forcieren.

Mit symbolischen Aktivitäten ist den Problemen nicht mehr beizukommen. Hier sind grundsätzliche Reformen gefragt, keine Reförmchen, sonst steht das ganze System zur Disposition. Eine allein beitragsfinanzierte Sozialversicherung jedenfalls wird – nach meiner Einschätzung – auf Dauer bestenfalls eine effiziente Grundversorgung möglich machen – alles andere ist illusionär. Daß schon heute (1997) die Bundesanstalt für Arbeit im Jahr über 80 Milliarden DM (genau 81,6 Milliarden DM – 65 Milliarden/West, 16,6 Milliarden/Ost) in die Rentenversicherung pumpen muß, spricht Bände. Auch die Defizite der Krankenversicherung der Rentner müssen ständig ausgeglichen werden. Die Standards, an die wir uns gewöhnt haben, entsprechen schon lange nicht mehr der Wirtschaftskraft unserer Erwerbstätigengeneration.

Wir finanzieren unsere sozialen Leistungen seit Jahren auf Pump. Damit muß jetzt endgültig Schluß sein. Ein ausgeglichener Staatshaushalt sollte, wie neuerdings in den USA, Verfassungsgebot werden. Denn die nächsten Generationen sind für finanzpolitische Fehlentscheidungen der Vergangenheit nicht bedingungslos haftbar zu machen. Ebensowenig für die gigantische Kapitalflucht. Auch die Tatsache, daß der Wohlstand der alten Generation und die Folgen der deutschen Einheit zu einem übergroßen Teil über Arbeitskosten (Beiträge) finanziert wurden und werden, ist ein unverzeihlicher Fehler unserer Politik. Er kostet die Jungen heute viele potentielle Arbeitsplätze, die ihre Existenz sichern könnten.

Die junge Erwerbsgeneration, die die deutsche Teilung weiß Gott nicht zu verantworten hat, muß gleichwohl den überwiegenden Teil der Vereinigungskosten tragen. Laut Berechnungen des Freiburger Ökonomieprofessors Bernd Raffelhüschen in der Zeitschrift *Capital* muß ein heute 35jähriger aus dem Westen für die deutsche Einheit im Laufe seines Lebens gut 50000 DM aufwenden, ein 60jähriger im Schnitt nur 7000 DM. Bei dieser Bilanzierung geht es nicht um eine moralische Bewertung der Kriegs- und Nachkriegsgeneration, sondern um die faktische Begünstigung des älteren Teils der Bevölkerung. Die Summe des Solidaritätsbeitrags als Finanzierungsquelle der deutschen Einheit betrug nämlich nur ein Drittel dessen, was der Sozialversicherung der Arbeiter und Angestellten aufgesattelt wurde, die sich aus den Beiträgen und Steuern der aktiven Erwerbsgeneration speist.

Solche Überlegungen und Berechnungen sind im offiziellen Bonn weithin unbekannt. Von einem «generational accounting» gar, einem in Amerika längst üblichen Verfahren, das die Verteilungswirkung aller Steuer- und Sozialgesetze auf die jüngere und ältere Generation hochrechnet, hat man laut *Capital* (9/96) zumindest bis 1996 im Finanzministerium noch nichts gehört: «Was soll das sein?» hieß es dort auf Nachfrage.

Unter der Überschrift «Der Fluch der späten Geburt» veröffentlichte die Zeitschrift im September 1996 eine deutsche Generationenbilanz, die die offiziellen Verschuldungsdaten Bonns als Farce ausweist. Solche Berechnungen sind – wie gesagt – außerhalb Deutschlands durchaus nichts Neues. Schon seit etwa fünf Jahren gehört beispielsweise zum Haushaltsbericht der US-Regierung das Kapitel «Verantwortung gegenüber unseren Kindern». Renommierte Wissenschaftler rechnen der Washingtoner Regierung darin Jahr für Jahr aus, wie künftige Generationen durch staatliche Schulden und andere Zahlungsverpflichtungen, etwa Pensions- und Rentenzusagen, belastet werden. Wer in Bonn nach einer solchen Generationenbilanz fragt, erntet die zitierte Ratlosigkeit oder wird ans Statistische Bundesamt verwiesen. Das legt aber lediglich die offiziellen Staatsschulden um und beziffert die Erblast, die jedem Neugeborenen in die Wiege gelegt wird, mit gut 25000 DM. Peanuts! Zieht man allerdings eine Gesamtbilanz, kommt man auf ganz andere Beträge und der Realität sehr viel näher. Allein für die Rentenversicherung gilt heute: Ein Neugeborener muß im Laufe seines Lebens 280 000 DM mehr einbezahlen, als er selbst erhält. Inklusive Steuern, Kranken- und Arbeitslosenversicherung summiert sich sein Soll auf satte 400 000 DM. Das heißt, soviel muß ein heutiges Kind mehr an den Staat bezahlen, als es an Leistungen oder Zahlungen vom Staat zurückerhalten wird. Und die Belastungssteigerung für den einzelnen fällt um so stärker aus, je weniger sich Industrie und Großkapital am Steueraufkommen beteiligen.

Das stimmt nicht gerade fröhlich, und besonders motivierend ist es auch nicht. Kein Wunder, daß die Jugend der Politik nicht mehr traut. Wo waren eigentlich all unsere fabelhaften Ökonomen in den letzten Jahren? All die Wirtschaftsweisen und Politikberater? Langfristige Berechnungen zu unterlassen, unentwegt ungedeckte Wechsel auf die Zukunft auszustellen und die junge Generation schamlos ins Messer rennen zu lassen, ist eine ungeheure Verantwortungslosigkeit, deren sich die Politik unserer Generation schuldig gemacht hat. Und wir Bürger haben es zugelassen, unsere Medien haben geschwiegen, unsere Verfassungsrichter haben nicht deutlich genug Einhalt geboten. Damit haben wir uns den Zorn unserer Kinder verdient. Sie werden uns was husten!

Wenn jetzt Gewerkschaften und Opposition pauschal den «Sozialabbau» bejammern und bestreiken, den Weg «in eine andere Republik» drohend an die Wand malen und die Straße mobilisieren, um einseitig die Regierungspolitik verantwortlich zu machen, dann ist das eine höchst eigenwillige Interpretation der Wirklichkeit. Jahrelang haben Parteien und Gewerkschaften gemeinsam die Jungen systematisch benachteiligt, indem sie ihnen immer mehr Versorgungsversprechen auf die Arbeitskosten aufgesattelt haben. Speziell die Gewerkschaften müssen sich vorwerfen lassen, eine verheerende Klientelpolitik für die älteren Arbeitnehmer betrieben zu haben – sozusagen im Doppelpaßspiel mit den Großarbeitgebern und den Sozialpolitikern.

Aus dieser Zweckallianz zu Lasten der Allgemeinheit erklärt sich auch die unverantwortlich lange Persistenz der Frühverrentungsregelung, die den älteren Arbeitnehmern schon ab 52 oder 55 Jahren eine «sanfte Landung» in die Rente mit sechzig ermöglichte, während die Zeit dazwischen oft von der Arbeitslosenversicherung oder der Krankenkasse gesichert wurde. Wer clever war und «gut» beraten, begann mit Anfang fünfzig seine Krankheitsgeschichte zu kultivieren und konnte sich über diverse Krankschreibungen, Kuren und Reha-Maßnahmen nahtlos in die Frühverrentung retten.

Der «big deal» zwischen Gewerkschaften und Großunternehmen wurde vor allem auf dem Rücken der anderen Erwerbstätigen, der Steuerzahler und des Mittelstandes ausgetragen. 1995 traten wegen Jobverlusts 755 000 Beschäftigte früher als vorgesehen ihre Rente an. Immer mehr Menschen werden zu Lasten der Sozialversicherung in die Rente katapultiert, insbesondere aus den neuen Bundesländern. Als aktive Beitragszahler in die Sozialversicherungen fallen sie fortan aus. Als globale Leistungsbezieher der Kranken-, Renten- und Arbeitslosenversicherung werden sie bis ans Lebensende den restlichen Erwerbstätigen aufs Auge gedrückt. So macht man aus unglücklichen Arbeitnehmern glückliche Rentner und aus unserer hoffnungsvollen Jugend jugendliche Sozialfälle. So betreibt man Kosmetik der Arbeitslosenstatistik und stellt ungedeckte Wechsel auf die Zukunft aus. Und die Aktionäre schreien: «Jubile!»

In diesem Zusammenhang ist es mehr als ärgerlich, wenn heute 40- bis 50jährige Beamte der ehemaligen Bundespost dank höchst komfortabler Regelungen als fitte Frühpensionäre im besten Frauen- und Mannesalter die öffentlichen Haushalte belasten. Ihre zukünftigen Alterskosten wurden nämlich elegant dem Bund untergejubelt. Wen wundert's, daß ein hochkommerzieller Laden sie möglichst schnell loswerden will. Was allerdings bei «dienstuntauglichen» 40jährigen bedeutet, daß die Allgemeinheit (die Steuerzahler) für deren Alimentation vermutlich noch 40 Jahre lang aufkommen darf.

Ein Desaster für die junge Erwerbstätigengeneration. Denn das Argument der Tarifpartner, mit den Frühverrentungen nur Platz schaffen zu wollen für die Einstellung jüngerer Mitarbeiter, grenzt an Heuchelei. Oft genug blieben die Neueinstellungen aus, oder sie fanden zu wesentlich niedrigeren Tarifen für den Nachwuchs und ohne betriebliche Alterssicherung statt – zur Freude der Unternehmer. Während die wenigen Jungeinsteiger mit ständig steigenden Sozialversicherungsbeiträgen, realen Nettolohnverlusten Jahr für Jahr, rapide steigenden Steuern und Abgaben die eindeutigen Verlierer dieser Umstellungen auf dem Arbeitsmarkt waren, lag der Profit für die Älteren in kommoder Absicherung plus Freizeit.

Die Dynamik dieser Kostenbelastungen, diese himmelschreiende Generationenungerechtigkeit, hat niemand ernstlich bedacht. Oder alle Beteiligten haben es bewußt verschwiegen. Beides ist fatal. Wie sollen die wenigen Jungen, die in Zukunft noch neu eingestellt werden, diese Mammutbelastungen auf Dauer schultern? Eine unzumutbare Aufgabe. Sie darüber hinaus auch noch aufzufordern, für die eigene Altersversorgung bitte selbst Vorsorge zu treffen, ist purer Zynismus. «To eat the cake und save it, too»: Das geht eben nicht!

Wen wundert's denn heute ernsthaft, wenn die erforderlichen Bundeszuschüsse zur Arbeitslosenversicherung längst nicht mehr reichen, ja geradezu explodieren? Wer wundert sich über eine kontinuierliche Beitragserhöhung zur Rentenversicherung – obwohl doch immer wieder Senkungen angekündigt wurden? Allein 1144660 Versicherte bekamen 1994 erstmals eine Rente. In einem Jahr! Von den 13,8 Millionen Empfängern von Versicherungsrenten aus der Arbeiter- und Angestelltenversicherung beziehen heute 1,7 Millionen eine Berufs- und Erwerbsunfähigkeitsrente. Obendrein hat sich die durchschnittliche Rentenbezugsdauer seit 1960 bei den Frauen um sieben Jahre, bei den Männern um viereinhalb Jahre erhöht. Gleichzeitig ist auch das Nettorentenniveau deutlich gestiegen: Von 63,2 Prozent dessen, was der Durchschnittsarbeitnehmer im Jahre 1960 nach Hause trug, auf 71,6 Prozent im Jahre 1996. Schon dieses Rentenniveau ist nur dann zu finanzieren, wenn der Rentenversicherungsbeitrag von gegenwärtig 20,3 Prozent auf ein unzumutbares Niveau angehoben würde.

Daß auch die Krankenversicherung bei fehlenden Beitragseinnahmen und steigenden Ausgaben kollabiert, weil von beiden Seiten Löcher in ein ehemals ausgewogenes Gebilde gerissen werden, darf auch niemanden verwundern. Auch hier stehen deshalb entweder kontinuierliche Beitragserhöhungen ins Haus oder aber Leistungsbegrenzungen: An schärferen Bedarfsprüfungen und eindeutiger Prioritätensetzung nach Kriterien der absoluten *Vordringlichkeit* und des *zwingenden Bedarfs* geht kein Weg vorbei. Zumindest bei den solidarisch finanzierten Leistungen. Sonst entwikkelt sich der Gesundheitsmarkt zu einer gigantischen Konsumbranche.

Egal wie es kommt, es wird in jedem Fall vor allem die Jungen treffen. Sie werden noch kräftig zahlen und selbst immer weniger Leistungen aus dem System bekommen. Bis sie an der Reihe sind, gibt es all die komfortablen Luxusleistungen heutiger Prägung nicht mehr – jedenfalls nicht von den Solidarkassen und nicht ohne massive Zuzahlungen und Selbstbeteiligungen. Doch bis unsere Kinder in dem Alter sind, haben sie weiß Gott andere Sorgen als etwa die kultische Pflege ihrer Alterswehwehchen. Für diesen Unfug aus dem Repertoire einer hochstaplerischen Wohlstandsrepublik mit Solidarzwangskassen fehlt ihnen dann ohnehin die Zeit und die Muße – ganz unabhängig vom fehlenden Geld. Sie kämpfen dann schon jahrelang um ihre Jobs, nicht um Yoga- und Joggingkurse. Sie fighten um die Existenz, nicht um exzessive Freizeitvergnügen auf Kosten anderer. Das ist die realistische Perspektive für unsere Kids.

Think big, start small

> «Es kommt ein Mann nie weiter,
> als wenn er nicht weiß, wohin er geht.»
> *(Oliver Cromwell)*

Der desolate Zustand unserer Sozialsysteme und unserer Finanzhaushalte erklärt sich nicht zuletzt daraus, daß unsere Entscheidungsträger in Industrie, Wirtschaft und Politik nicht in persönliche Haftung genommen werden, weder ideell noch materiell. Sie verwalten fremder Leute Geld. Bei Versagen und Schlamperei droht ihnen persönlich kein großes Ungemach.

Statt dessen haftete der Staat, vor allem bei den Großbetrieben, für nahezu alles und jedes. Entweder direkt über Beteiligungen, indirekt über Subventionen oder durch Bürgschaften. Ließ sich Mißmanagement nicht mehr vertuschen, wurde mit Arbeitsplatzvernichtung gedroht: Und flugs wurden aus irgendwelchen Fonds – im politischen Bonn nennt man so etwas auch noch zynisch «Sondervermögen» – wieder üppige Staatskredite gewährt, Arbeitsplätze subventioniert oder weitere Liegenschaften kostenlos zur Verfügung gestellt. Je größer der Betrieb, um so schamloser wurde gepokert und mit Kündigungswellen gedroht. Und die Politik parierte. Unter immer abstruseren Konditionen wurden Menschen artifiziell in Arbeit gehalten. Statt notwendig harter Schnitte und eines beherzten Neuanfangs wurde das langsame Sterben ganzer Branchen kostenträchtig für die Allgemeinheit zelebriert.

Die dabei eindeutige und langanhaltende Bevorzugung von Großbetrieben trieb den bis dahin kerngesunden deutschen Mittelstand systematisch in den Ruin. Als Folge des Konjunktureinbruchs, der maroden Finanzlage der Arbeitnehmer und des Staates, als Konsequenzen der verheerenden Sozial- und Steuerpolitik über lange Zeiträume und mangelnder Konkurrenzfähigkeit durch hohe Lohn- und Lohnzusatzkosten stiegen die Firmenzusammenbrüche exorbitant: Rund 33 000 Betriebe meldeten 1996 Konkurs an – etwa 22 000 mehr als beispielsweise 1991. Besonders betroffen ist das Baugewerbe, der Groß- und Einzelhandel sowie die Gastronomie. Aber es trifft den Mittelstand überall. Auch Arztpraxen, Architekturbüros und Rechtsanwaltskanzleien kommen zunehmend ins Schlingern – und mit ihnen zahllose Fachkräfte und Lehrlinge.

Fragt man nach den Ursachen der Krise in einzelnen Branchen oder Unternehmen, kommt man nicht umhin festzustellen, daß einige Gründe für den Niedergang – Globalisierung hin oder her – durch und durch hausgemacht sind. Vor allem die Großunternehmen leiden schon seit Jahren unter den Verkrustungen ihrer gigantomanischen Personalpolitik aus besseren Tagen. Innovationsfähigkeit und Reaktionsvermögen blieben dabei auf der Strecke. Das gilt nicht nur, nicht einmal in erster Linie für die Belegschaft, sondern auch für die Führung. Die deutschen Manager sind in den letzten Jahren nicht zufällig, will sagen: nicht zu Unrecht ins Kreuzfeuer der Kritik geraten.

Karrieren vollzogen und vollziehen sich immer noch im wesentlichen bürokratisch. Das möglichst geräuschlose Einfädeln in vorhandene Strukturen war und ist das Erfolgsrezept schlechthin. Im Management der großen Betriebe ebenso wie in den Führungsetagen von Behörden trifft man daher vor allem auf den Typus des blutarmen Leisetreters, der unter Aufbringung gigantischer Energien unentwegt damit beschäftigt ist, seine fachliche Inkompetenz hinter ausgeklügelten Hierarchieritualen zu verbergen und fähige Konkurrenz zu verbeißen.

Inzwischen wird in vielen Betrieben bereits das aufgeblähte mittlere Management wieder abgeschafft bzw. teuer wegrationalisiert und abgefunden. Und siehe da, es stellt sich heraus, daß sein Fehlen kaum auffällt. Im Gegenteil, ohne seine Verhinderungsstrategien und Intrigen läuft mancher Laden wieder weitaus besser. Jetzt – viel zu spät – kommen solch sinnvolle Vorschläge aus internationalen Unternehmensberatungen wie etwa die Empfehlung, das Einkommen von Führungskräften «ergebnisorientiert» zu gestalten. Nach oben und nach unten. Wie originell! In den USA ist das seit Jahrzehnten üblich; und auch in deutschen Mittelstandsunternehmen und Familienbetrieben versteht sich das von selbst. In deutschen Großkonzernen hingegen hatten Manager bei erwiesener, grober Unfähigkeit schlimmstenfalls den satten Rausschmiß mit komfortabler Abfindung zu fürchten – selbstverständlich steuerbegünstigt für beide Seiten. Sonst nichts. Das nächste Angebot ließ meist nicht lange auf sich warten. Schlimm genug, daß nicht auch deutsche Managementberater – und zwar schon früher – auf diese bemerkenswerte Idee der Managerentlohnung und Managerhaftung gekommen sind. Das wirft ein merkwürdiges Licht auch auf die Beraterszene.

Erfolgsprämien mit Rückzahlungsklauseln oder der Verlust der Abfindung bei grobem Mißmanagement: Das wäre doch mal ein Trost für die von Arbeitslosigkeit und sozialem Abstieg bedrohte Arbeitnehmerseite, die die grandiosen Managementfehler bislang regelmäßig ausbaden muß. Schneider-Pleite, Vulkan-Desaster und vieles andere mehr: Die Zeche zahlen vornehmlich diejenigen, die ihre Arbeitsplätze verlieren, und alle abhängig Beschäftigten, die die arbeitslosen Managementopfer über ihre Pflichtbeiträge finanzieren müssen. Und wo war die Aufsicht der Räte? Man kannte sich wohl zu gut, um noch zu kontrollieren.

«Erfolgsprämien» allein sind aber nicht des Rätsels Lösung, führen nicht schon zu einer verantwortlichen Unternehmenspolitik auch und gerade gegenüber der Belegschaft. Solange durch rüde Massenentlassungen deutliche Kursgewinne und Bilanzverbesserungen zu erzielen sind, müssen konzeptlose Erfolgsprämien für Topmanager als «Abschlachtprämien» bezeichnet werden. Viel sinnvoller wären da zeitversetzte Prämien, die vernünftige Investitionen und attraktive Produktinnovationen, die oft erst nach Jahren Früchte tragen, hoch prämieren würden. Diese Art der Zusatzentlohnung könnte das Gehirnschmalz von Topmanagern vielleicht eher aktivieren als die krude Rationalisierungsprovision für die Vernichtung von Arbeitsplätzen.

Eine erfolgreiche Managerkarriere «geschah» in Deutschland zumeist geräuschlos, unter Umgehung innerbetrieblicher Konflikte und unter Vermeidung von Innovationsanstößen. Politische Beziehungen waren höchst erwünscht, weil hilfreich, ansonsten waren stumme Unterwerfung und die bei Golfern übliche «Demut» gegenüber der Firmenphilosophie geboten. Und die hieß in der Regel: Sich wundern, Schnauze halten und abzeichnen. Es lief ja seit Jahren alles bestens in den eingefahrenen Gleisen von Subventionsanforderung und -gewährung. Nur nicht dran rütteln. Keine schlafenden Hunde wecken. Hier Subventionen abholen und dann peu à peu ins Ausland abtauchen; hier rationalisieren und draußen investieren; hier zu Lasten der Steuer- und Beitragszahler die Belegschaft abbauen und draußen billige Arbeitskräfte einstellen; die Wertschöpfung rund um den Globus einstreichen, die Gewinne im Ausland minimal versteuern, gleichzeitig aber noch Förder- und Forschungsgelder im Inland mitnehmen. So ist es fein.

Wir stehen und fallen mit dem Funktionieren unserer Wirtschaft und deren «Machern». Doch was sind das für Leute? In Wahrheit sind viele der heute 40- bis 50jährigen

Manager tragische Gestalten. Zerrissen zwischen eigenem Anspruch und realer Unbedeutsamkeit. Zu Hause die personifizierte Wichtigkeit, in der Firma ängstliche Wadenbeißer, privat die fitten, durchtrainierten Überlebenskämpfer, im Job angstschweißige Abducker. Ohne Charisma und Charakter, aber mit Chauffeur und Claqueuren. Oft haben sie weder die fachliche Kompetenz und Zivilcourage ihrer älteren Aufsichtsratsvorsitzenden aus der Gründergeneration, noch begreifen sie, was in den unteren Technologieebenen ihrer Mammutbetriebe wirklich abgeht.

Dort spielen nämlich längst viele gerissene, hypertrophe Youngster ihr eigenes Spiel. Zwar oft genug ebenfalls ohne profunde Kenntnisse, dafür aber mit Spezialwissen und der Chuzpe der Ahnungslosen, die mit spielerischer Neugier und jugendlichem Übermut eher zufällig ans Ziel gelangen. Oder in die Pleite. Beides ist drin, wie diverse Börsencrashs durch Yuppie-Spekulanten zeigen. Und dennoch sind wir zunehmend gerade auf Menschen angewiesen, die nicht ständig von der Angst beherrscht werden, einen Fehler zu machen, sondern experimentierfreudig nach Neuem suchen. Wenn man sie denn läßt, was in deutschen Unternehmen noch allzu selten der Fall ist. Man muß ihnen ja nicht gleich ohne Kontrolle Milliarden anvertrauen.

Allzuoft aber werden die verrückten Pläne, Träume, Visionen junger Mitarbeiter oder Talente von zögerlichen Bedenkenträgern im Mittelbau frühzeitig ausgebremst oder gleich im Keime erstickt. In Firmen, Hochschulen und Institutionen geben die klassischen Fördergeldasservatoren häufig genug erst dann ihre Zustimmung zu einem Projekt, wenn es bereits «wissenschaftlich» untermauert ist. Das heißt im Klartext: Bloß keine Experimente, es sei denn ohne jedes Risiko! Wie soll das denn gehen? Protegiert, unterstützt und gefördert wird nur, wenn der sofortige Erfolg garantiert ist. Eine contradictio in adjecto.

Aber die Youngster lassen nicht locker. Sie drängen mit Macht in die Führungsetagen in Forschung und Wirtschaft. Das Versagen der alten Eliten ist ihre Chance. Jetzt sind sie dran. Schlechter als ihre Vorgänger können sie es kaum machen. Sie wollen jedenfalls etwas bewegen. Also agieren sie einfach. Manchmal ohne recht zu wissen, was sie tun. Und siehe da, oft genug geht es sogar gut, und sie zaubern neue Produkte und Branchen aus dem Hut, die sich der Phantasie der Älteren nie erschlossen hätten – häufig Nonsensprodukte, aber immerhin, besser als nichts. Nonsens mit hoher Wertschöpfung. Und ihre gleichaltrigen Kollegen aus der Werbebranche designen mit freakigen Kampagnen einen neuen – künstlichen – Bedarf. So crazy läuft das. Egal: Alles ist besser als Stagnation und die lähmende Jaulerei über verlorengegangene Märkte. Wer hätte vor dreißig Jahren gedacht, daß man mit Computerchips Milliardenumsätze machen, daß man mit Müllverarbeitung, Photovoltaik, Videoclips, Computerspielen oder Hip-Hop-Musik den Wirtschaftsstandort Deutschland beleben kann?

Mir jedenfalls machen sie Spaß, diese 20- bis 30jährigen Durchstarter. Mit ihrem bescheidenen Background, mit ihrem brillant präsentierten Halbwissen, mit ihrer naßforschen Art machen sie das Beste aus ihrer beschissenen Situation. Chapeau! Ob es uns paßt oder nicht: Sie sind es, auf deren Erfolg wir setzen müssen. Eine andere Chance haben wir kurzfristig nicht. Von den braven Angestellten und Beamten geht die Reaktivierung einer Erfolgsgesellschaft sicher nicht aus. Auch nicht von den vielen Dienstleistern im

Sozialbereich oder den Politologen und Sozialkundlern diverser Discount-Universitäten.

Wir sind auf die Spinner und Tüftler angewiesen, auf ihre Phantasie, neue Produkte mit hoher Wertschöpfung zu entwickeln und am Markt zu plazieren. Produkte, die hier und nur hier in gleicher Qualität herzustellen sind. Noch aber leben die wenigen wirklich kreativen jungen Menschen in diesem Land wie Schmetterlinge an der Leine. Ihr kompromißloser Optimismus ist ansteckend, wenn auch gelegentlich realitätsfremd. Und dennoch, sie agieren mit Verve, sie lassen sich von den programmierten Problemen und finanziellen Desastern, die uns ins Haus stehen, nicht die Laune verderben. Was schert sie ein unfinanzierbarer Sozialstaat, leere Rentenkassen, die Währungskriterien von Maastricht? Sie gehen auch nicht auf die Straße, nicht in die Parteien und schon gar nicht in die Gewerkschaften. Sie haben sich vom Staat und seinen Organen innerlich längst verabschiedet. Nur noch sechs Prozent der Jugendlichen insgesamt glauben an die Kompetenz der politisch Verantwortlichen, nur noch jeder fünfte junge Mensch zwischen 14 und 18 Jahren interessiert sich überhaupt für Politik. Was ihre Zukunft in der bestehenden Gesellschaftsordnung angeht, stellen sie auf Durchzug. Mir scheint, sie hören gar nicht mehr hin. Sie machen ihr eigenes Ding. Das ist zwar ein Segen für die Herrschenden, aber unter den gegebenen Umständen vielleicht sogar das Beste, das sie tun können.

Hier müssen wir ansetzen. Den motivierten Jungen müssen wir die schnellen, wandlungsfähigen, innovationsabhängigen Bereiche der Arbeitswelt ohne große Reglementierungen verstärkt öffnen, und zwar schleunigst. Und den Älteren gezielt den Zugang zu anderen Erwerbsquellen öffnen. Beispielsweise zu sozialer Arbeit und zu Dienstleistungen aller Art, in Administration und Gewerbe – als Ergänzung eines reduzierten Alterseinkommens – in unmittelbarer Umgebung ihres Wohnortes. Denn der soziale Bereich mit seinen Erwerbsmöglichkeiten in der Altenpflege oder im Gesundheitswesen kann nicht – wie manche zu glauben scheinen – das Gros der jungen Arbeitssuchenden schlukken. Sollte er auch nicht! Das sind notwendige Arbeiten sozial Engagierter, aber nicht die zukunftsweisenden Jobs. Jugendliche im Sozialdienst – gar als soziales Pflichtjahr – einzusetzen, nur um sie von der Straße wegzuhaben, wäre zudem äußerst kurzsichtig. Das sind nicht die Branchen mit echter Perspektive, in denen zukünftig hohe Wertschöpfung erzielt werden kann. Diesen Irrweg sollten wir uns ersparen.

Solche Tätigkeitsfelder können ebensogut ältere Arbeitnehmer übernehmen, die vorzeitig ihren Sessel im Büro oder ihren Platz in der Produktion geräumt haben und noch Teilzeittätigkeiten suchen. Sie hätten auch die menschliche Tiefe und Lebenserfahrung für diesen schwierigen Part. Hier können sie ihr Berufsleben langsam und selbstgestaltet ausklingen lassen. Dafür ist unter den gegebenen Bedingungen ein gesellschaftspolitischer Umweg notwendig: nämlich die formale Erhöhung des Renteneintrittsalters bei gleichzeitiger Möglichkeit des vorzeitigen Ausstiegs aus dem offiziellen Arbeitsverhältnis – mit deutlichen Abschlägen bei der Rente oder Pension. Zugleich muß den Ausgeschiedenen die Möglichkeit eröffnet werden, direkt in sozialer oder kommunaler Arbeit Geld hinzuverdienen zu können, außerhalb der zentral verwalteten Solidarkassen, sozusagen als Freiberufler: Leistung gegen Bezahlung.

Damit wäre meines Erachtens allen gedient: Jungsenioren betreuen Hochbetagte (in Japan längst praktizierter Alltag) oder leisten Erziehungshilfe, übernehmen Schulaufsicht oder Nachmittagsbetreuung, bieten Nachbarschaftshilfe an, engagieren sich in der Fortbildungs- oder Gemeindearbeit. Vor Ort, von kommunalen Dienstleistungsbörsen vermittelt und direkt vom «Abnehmer» oder mit Dienstleistungsschecks für wirklich Bedürftige – Schwerstkranke, Hochbetagte und Kinder – bezahlt. Das wäre ein Weg, ein neuer Ansatz: Zwischen klassischer Erwerbsarbeit und Gesellschaftsarbeit zu differenzieren und diese Arbeit alters- und generationengerecht anzubieten und aufzuteilen. Und marktgerecht zu entlohnen.

Und die Jungen? Die müssen einerseits in die Innovationsbranchen und die zugehörigen Administrationen und andererseits auch in die Selbständigkeit. Aber ohne Größenwahn und Illusionen. Nach dem Motto: «Think big, but start small.» Das dürfte für junge Selbständige der Slogan für die Zukunft sein. Wer es sich zutraut und risikobereit ist, wer innovative Ideen hat, sollte mit kleinem Startkapital – erbschaftssteuerfrei – anfangen können. Betreut von erfahrenen Tutoren aus der Seniorengeneration, kooperativen Behörden und assistiert von regionalen oder kommunalen Ideenbörsen. Vorbei die Zeiten hypertropher Planungs- und Entwicklungsgesellschaften, die schon Milliarden verschlungen haben, bevor der erste Spatenstich erfolgt ist, geschweige denn der erste konkrete Auftrag einging. Kleine, wendige, korrekturfähige Firmen oder Ein-Mann-Unternehmungen werden die Nischenmärkte von morgen ausfindig machen: in der Dienstleistungsszene beispielsweise oder im Distributionsgewerbe rund um die neuen Medien und die veränderten Kauf- und Bestellmöglichkeiten.

In der Starthilfe für solche Kleinstfirmen liegt eine große Aufgabe staatlicher Intervention, privater Investition und begrenzter öffentlicher Risikoabsicherung. Eine befristete und überschaubare Kapitalstütze in diesem Bereich ist allemal sinnvoller als lebenslange Stütze fürs Nichtstun. Die Neuregelung der Vermögens- und Erbschaftssteuer, die ohnehin ansteht, wäre ein guter Anlaß für gezielte Kapitaltransfers und für Investitionen in die Selbständigkeit junger Menschen – regional und konkret. Hier sind die Länder gefragt.

Das wäre ein Akt der Solidarität zwischen den Generationen. Dagegen weisen die Vorschläge Biedenkopfs oder Schröders, daß sich die Jugendlichen untereinander die Jobs und Löhne teilen sollen, eindeutig in die falsche Richtung: Sie entsprechen immer noch der Logik vergreisender Demokratien, mit dem kleinstmöglichen wahlpolitischen Schaden Kosmetik zu betreiben. Bloß keine alten Wählermehrheiten verprellen und die Jugend ruhigstellen. Leistungsanreize, Motivationsschübe, Perspektiven gehen von solchen Scheinlösungen wahrlich nicht aus. Im Gegenteil: Wo Engagement nicht gefördert und leistungsgerecht entlohnt wird, wird es verkümmern.

Ausgerechnet an die Solidarität der Jungen untereinander zu appellieren, ausgerechnet ihnen Jobsharing und Einkommensverzichte zuzumuten, ist als Konzept völlig ungeeignet, ein Hohn. Sie werden keinen sicheren Job haben, keine sichere Rente, keine kalkulierbare Zukunft. Sie sollen sich eine eigene private Altersversorgung aufbauen und von kaufkraftschwindsüchtigen Einstiegslöhnen ihre Familien gründen. Ja, wie denn?

«Zwei für einen» oder «drei für zwei» als Beschäftigungsmodell bedeutet doch nichts anderes, als daß die Jugendlichen und Berufsanfänger auf Teile ihrer ohnehin lächerlichen Einstiegslöhne zugunsten von Gleichaltrigen verzichten sollen. Hier wird das Pferd wieder einmal von hinten aufgezäumt, weil keiner den Mut hat, den privilegierten Älteren Beschränkungen ihrer Alterseinkommen zuzumuten. Sie werden von unserem Sozialsystem wie rohe Eier behandelt, wie Exemplare unter Artenschutz, gehätschelt und getätschelt, überbetreut und unterfordert.

Aber: Eigentumsgarantien wie auch das Arbeitsrecht sind keine Naturgesetze; es sind Konventionen, die auf gesellschaftlichem Konsens beruhen. Wenn sich uns (beziehungsweise den nächsten Generationen) die verkorkste Realität wie eine Schlinge um den Hals zieht, dann muß der Gesetzgeber reagieren, dann muß unter Umständen auch das Grundgesetz geändert werden, um den drohenden Crash abzuwenden. Sonst wird der Staat, inklusive seiner Gerichtsbarkeit, zu einer Karikatur seiner selbst.

Augen auf und durch

> «Es fehlt an allem ebenso gut wie an nichts.»
> *(Robert Musil)*

Unter den heutigen Bedingungen muß die Seriosität des einseitig verpflichtenden Generationenvertrages angezweifelt werden. Wird die bisherige «Vogel-Strauß-Politik» fortgesetzt, droht aus dem Generationenvertrag ein Generationenbetrug gleich an mehreren Folgegenerationen zu werden. Mit dem Blüm-Spruch: «Die Jungen zahlen für die Alten. Basta!» ist es nicht getan. Die politisch versprochenen sozialen Segnungen – Pensionen wie Renten – müssen in einem realisierbaren Verhältnis zur Wirtschaftskraft der Erwerbstätigengeneration bleiben. Alles andere ist unseriös. Sogar die betuliche Enquetekommission rechnet mittlerweile vor, daß eine Erhöhung der Beitragssätze für die Sozialversicherungen aufgrund der Alterung der Bevölkerung und der Abnahme der Erwerbstätigenzahl – ohne massive Korrekturen – von heute 41 Prozent auf über 60 Prozent im Jahr 2040 gedroht hätte.

Abschwächen ließen sich die Beitragserhöhungen – laut Expertenurteil – nur, wenn die Arbeitslosigkeit auf Null gesenkt würde, ebenso viele Frauen wie Männer berufstätig wären und die Pro-Kopf-Leistungen der Sozialversicherungen gleichblieben: Utopische Vorstellungen angesichts der ökonomischen Realitäten, angesichts der jahrelang erwiesenen Reformträgheit der Politik und der mittlerweile phänotypisch gewordenen Vollversorgungsmentalität der Bevölkerung. Sämtliche Segnungen eines längst unseriös finanzierten Sozialstaates sind als Rechtsansprüche verinnerlicht – zumal vieles, wie die Renten, ja auch grundgesetzlich abgesichert ist.

Eingriffe in Leistungsgesetze rühren also am «Allerheiligsten». Sie würden, wie gehabt, von flächendeckenden Protesten begleitet, ließen sich aber nur im großen Konsens angehen. Der Zorn der versammelten Besitzstandswahrer wäre den Akteuren gewiß und würde sich – aller Erfahrung nach – im Wahlverhalten niederschlagen. Das riskiert bisher niemand. Also zogen Sozialpolitiker der großen – ebenfalls hoffnungslos überalterten – Volksparteien in trauter Einigkeit jahrelang durch die Gemeinden und beruhigten ihre irritierten Mitglieder: «Die Rente ist sicher.» Gleichzeitig werden aber die angekündigten Beitragserhöhungen zur Rentenversicherung in immer kürzeren Abständen nach oben korrigiert. «*Irgendeine* Rente ist sicher», das wäre ehrlich. Aber nicht deren Höhe und schon gar nicht deren Kaufkraft. So sieht es aus! Und bei den Pensionen ist die Lage noch brisanter: Sie sind allein aus Steuern finanziert und sprengen mit zunehmender Wucht die Länderetats.

Die Zeiten von korrigierenden Bilanztricks, Verschiebebahnhöfen und Löcherstopferei müssen endgültig vorbei sein. Eine Entlastung der Arbeitskosten von idealisierten Vollversorgungsverpflichtungen ohne Gegenleistung und Bedarfsnotwendigkeit steht dringend an. Langfristig greifende Systemkorrekturen sind nötig, wie etwa der Abbau von privilegierten Parallelsystemen – mit sich addierenden Mehrfachrenten (zum Beispiel Hinterbliebenenrente).

Der Abbau von Sonderrechten für Beamte und Staatsdiener sowie die Abschaffung unangemessener Zusatzversorgung der öffentlich Bediensteten haben umgehend zu erfolgen. Das betrifft die Beihilferegelung ebenso wie die Berechnung der Altersbezüge nach dem Anciennitätsprinzip ohne Leistungsnachweis.

Falls das Vertrauen in den Generationenvertrag und die Sozialversicherungen aber in Wahrheit schon so weit gesunken sein sollte, daß man nicht einmal mehr an den Erfolg echter, solider Reformen glaubt, dann wäre es noch fataler, weiterzumachen wie bisher und immer mehr Menschen in ein marodes System zu überführen. Um hier eine politische Entscheidung zu treffen, müssen aber erst einmal alle seriösen Daten auf den Tisch. Ein über Zwangsbeiträge finanziertes Umlagesystem ist seinen Mitgliedern zu Klarheit und Wahrheit verpflichtet. Dazu gehört auch der nüchterne Blick «über den Tag hinaus».

Die grundsätzliche politische Entscheidung muß aber sehr bald gefällt werden: Entweder alle rein ins System mit massiven Leistungsbeschneidungen, oder alle raus. Das heißt, Fortbestand oder Abschaffung des Generationenvertrages in seiner gesetzlichen, das heißt, zwangsverpflichtenden Gestalt und seiner Finanzierung über die Arbeitskosten. Schon heute ist klar, daß die junge Generation der unter 40jährigen wohl nie in den Genuß derart großzügiger Alters-, Kranken- und Arbeitslosenversorgung kommen wird wie die heutigen Rentner. Es wäre daher nicht mehr als gerecht, ihnen durch Entlastung an der Beitragsfront schon heute wenigstens die Möglichkeit der Eigenvorsorge einzuräumen. Die Altversprechen an die Vorgängergenerationen müßten dann behutsam zurückgeführt und bei echtem Bedarf flankierend über Steuern finanziert werden. Darüber hinaus muß jedem Bürger klargemacht werden, daß er oder sie länger erwerbstätig bleiben muß – wenn auch nicht am selben Arbeitsplatz.

Natürlich kann man ein System wie den Generationenvertrag nicht von heute auf morgen umstellen. Das wird ein längerer Prozeß. Aber wenn sich bei einem Kassensturz und sorgfältiger Analyse herausstellt, daß das Umlageverfahren nicht länger trägt, muß sofort mit den Umsteuerungsprozessen begonnen werden. In jedem Fall ist konsequentes Durchforsten und Ausgliedern von Leistungen, die den Versicherungsbezug längst verloren haben, schon heute Pflicht. Die mittlerweile fast zehn Milliarden Mark pro Jahr, die für

Kuren und Reha-Maßnahmen allein aus den Beiträgen zur Rentenversicherung bezahlt werden, neben den fünf Milliarden, die die Krankenkasse jährlich aufbringt, und weiteren zwei Milliarden aus der Unfallversicherung (gesamt 17 Milliarden), stellen ein unübersehbares und durchaus zumutbares Einsparpotential dar. Ich rede wohlgemerkt nicht von ersatzloser Abschaffung des Kur- und Reha-Wesens, sondern, sofern die Solidargemeinschaft dafür aufkommen soll, über eine strikte Beschränkung auf eindeutige medizinische Indikationen. Solche Fälle machen aber nur einen Bruchteil in der Flut der «Verschreibungen» aus.

Solidarisch finanzierte Absicherungen sollten Grundleistungen abdecken und Existenzen sichern. 34 Millionen Erwerbstätige (darunter auch Teilzeitbeschäftigte mit Kleinsteinkommen) können nicht die Rundumversorgung für 81 Millionen Bundesbürger übernehmen. Die Palette angebotener Dienstleistungen unserer Mega-Wohlfahrtsbranche ist unerschöpflich, der Bedarf ohne klare Definition und Eingrenzung unendlich. Im Gesundheitswesen wird das schnell deutlich: Rund um den Begriff «Gesundheit» werden in Deutschland jährlich etwa 500 Milliarden DM umgesetzt – wobei sich die Ausgaben der gesetzlichen Krankenkassen auf rund 260 Milliarden DM belaufen (1970 waren es noch 25 Milliarden). Dabei wird die Bevölkerung immer älter und der «Bedarf» täglich größer. Von 1970 bis 1992 stiegen die Krankenversicherungsausgaben für Rentner um 962 Prozent und mithin doppelt so stark wie diejenigen für erwerbstätige Mitglieder, die sich immerhin auch um 464 Prozent erhöhten. Rosige Aussichten!

Auch wenn mittlerweile bald 2,5 Millionen Arbeitsplätze im Gesundheitswesen und weitere Millionen in den übrigen

Systemen des Wohlfahrtsstaates entstanden sind, darf das nicht darüber hinwegtäuschen, daß diese Jobs über die Lohnzusatzkosten subventioniert sind. Sie stellen letztlich keine konkurrenzfähigen Arbeitsplätze dar, sondern sind ein kostenträchtiges Perpetuum mobile, das die Arbeitskosten beständig hochschraubt. Dieser Arbeitsmarkt ist daher nur begrenzt erweiterbar, vermutlich gar nicht, jedenfalls nicht aus arbeitskostenbelastenden Finanzquellen, also aus Sozialbeiträgen. Andererseits ist längst bekannt, daß die großen Sozialkonzerne auch zu Versorgungsinstitutionen für loyale Parteisoldaten geworden sind. Hier geht oft Klüngel vor Kompetenz. Außerdem verschlingen die Verwaltungshydren Unsummen an kostbaren Beitrags- und Steuerressourcen für die Eigenversorgung, für Personalkosten, Repräsentation, Organisation. Dabei geht es um Milliardenbeträge. Keine peanuts also!

Reduzierte Leistungen zu reduzierten Beiträgen aus den Zwangssystemen, das wäre mein kurzfristiger Vorschlag. Das würde für mehr Nettoeinkommen und höhere Kaufkraft sorgen und auch den Spielraum für eine eigenverantwortliche, individuell konzipierte Vorsorge erhöhen. Dies wäre der erste Schritt: Also nicht *mehr* Geld in die *Zwangssysteme*, sondern *mehr* Geld zur *freien Verfügung* der Bürger. Erst nach durchgeführten Reformen und Sparmaßnahmen kommen Etatumschichtungen oder andere steuerliche Anschubfinanzierungen zum Zuge (sei es Mehrwertsteuer oder Energiesteuer – das ist eine Frage der politischen Vision). Allerdings: Die geplante Mehrwertsteuererhöhung zum Löcherstopfen einzusetzen wäre fatal, denn die Systemfehler und die Anspruchshaltung blieben unverändert bestehen.

Eigeninitiative, Improvisationsfähigkeit, Anspruchsreduzierung erwachsen aus Engpässen, nicht aus Überfluß. Unsere Politik hätte schon längst auf die eklatanten Defizite in den Sozialversicherungen reagieren müssen. Daß sie es so lange unterlassen hat, war verantwortungslos. Dies zu korrigieren, ist ihre vordringlichste Aufgabe. Und zwar im Konsens aller Parteien, der Tarifpartner und aller Verantwortung tragenden Gruppen – jenseits der klassischen Klientelpolitik, jenseits der bestehenden Gruppenegoismen. Wir haben keine andere Wahl.

Noch aber ist ein solcher «Schulterschluß» nicht absehbar. Wo sind sie denn, die Menschen mit Verantwortungsgefühl und Gerechtigkeitsempfinden in diesem Land? Die Begriffe Solidarität, Sozialstaat, soziale Gerechtigkeit klingen heute fast hilflos und rührend. Ihre inflationäre Beschwörung vor allem in Wahlkämpfen, um höchst ungerechte und unverantwortliche Anliegen zu verschleiern, untergräbt die Humanität einer zivilen Gesellschaft. Der Ruf nach dem «Staat», nach Subventionierung von Arbeitsplätzen für die Jugend ist allemal einfacher und unverbindlicher. «Der Staat» soll doch für sie sorgen, ihnen Scheinbeschäftigungen zusichern, sie mit Löhnen auf Kredit über Wasser halten – so hallt es aus den Wagenburgen der Besitzstandswahrer. «Der Staat soll zahlen.» Wollen wir das wirklich? Ist das noch seriöse Arbeitsmarkt- und Sozialpolitik? Ist den Jungen und uns damit langfristig geholfen? Schieben wir dadurch nicht die Problematik nur vor uns her?

Wir müssen eine Grundsatzentscheidung treffen! Stellen wir uns dem revolutionären Umbruch, in dessen Verlauf die Wertschöpfung aus immer weniger produktiver Arbeit auf immer mehr Menschen umzulegen sein wird, und reformieren wir dieses Land, oder finanzieren wir unseren üppigen Status quo mit der Notenpresse? Die ältere Generation weiß doch noch sehr genau, wohin das führt. Das kann letztlich auch nicht in ihrem Interesse sein.

Ich plädiere für eine strikte Neujustierung. Die Akzeptanz der ungeliebten Realität ist der wichtigste und erste Schritt. Die konsequente Ausrichtung der Prioritäten auf die junge Generation ist der nicht minder wichtige zweite Schritt. Erst dann greifen Überlegungen für eine befristete Anschubfinanzierung mit dem Risiko des Stabilitätsverlustes. Der Zug kann erst fahren, wenn die Weichen richtig gestellt und die Schienen von Barrikaden befreit sind.

Auf dem Arbeitsmarkt bekommt die junge Generation ihre Ohnmacht und Einflußlosigkeit immer heftiger zu spüren. Für sie gibt es derzeit wenig zu tun. Sie sind überflüssig und stören den Burgfrieden. «Wir brauchen euch nicht.» Das ist die fatale Botschaft an sie. Die vorhandene Arbeit ist verteilt, und neue gibt es nicht. Der Arbeitsmarkt ist wie leergefegt. Schlechte Karten also für junge Leute auf der Suche nach ihrem Platz in dieser Gesellschaft. Unmengen abgelehnter Bewerbungen und frustrierende Vorstellungsgespräche gehören zu ihrem deprimierenden Alltag. Und wer noch den Mut aufbringt, es auf eigene Faust zu versuchen, macht ähnlich ernüchternde Erfahrungen: Hasenfüßige Banker rücken Startkapital nur gegen die üppige Bürgschaft auf Omas Häuschen raus. Wer nichts hat, hat keine Chance. Kredite gibt's nur gegen Sicherheit. Aber mit der Sicherheit ist es wie mit der Moral. Es gibt keine Sicherheit diesseits des Grabes.

«Alles wird schlechter, nur eins wird besser: Die Moral wird schlechter», retten sich Zyniker. Aber die Demütigung einer ganzen Generation wird sich rächen. Soviel Mißachtung haben die Kids nicht verdient – bei aller Kritik an ihrer fahrlässigen Desinformiertheit und Leichtlebigkeit, an ihrer Faulheit und ihrem Narzißmus.

Vor die Wahl gestellt, arbeitslos zu sein oder eine Startchance – auch zu reduzierten Konditionen und befristet – wahrzunehmen, würde ich jungen Leuten immer zu letzterem raten. Ihre Bedingungen werden sich, bei realistischer Betrachtung, eher noch verschlechtern als verbessern. Der Weg in die Sozialhilfe wird zunehmend zur Sackgasse – ohne Wendemöglichkeit. Ihn sollten junge Menschen um jeden Preis meiden. Sie brauchen die Nähe zur Lebensrealität in der Arbeitswelt und keine sozialromantische Scheinwelt – aus der sie später nur noch im Sturzflug und schwer lädiert in die Realität zurückfallen werden.

Im Sturzflug in die Realität

«Der wirkliche Fortschritt wird immer gerade das sein, was keiner wollte.»
(Robert Musil)

Wir machen Gesunde zu Kranken, Greise zu Kindern, Vitale zu Rentnern und Junge zu Sozialfällen. Wir müssen verrückt sein!

Daß mit steigender «Wohlfahrt» die Ängste der Menschen keineswegs ab-, sondern zunehmen, die Hilflosen und Chancenlosen immer stärker an den Rand gedrängt werden, die Bevölkerung immer «kranker» statt gesünder wird, zumindest aber immer behandlungsbedürftiger, ist schon ein Paradoxon unseres Sozialstaates und dokumentiert seinen nimmersatten Charakter. Daß wir die jüngsten Rentner und die ältesten Studenten haben, ist ebenfalls ein zweifelhafter «Erfolg» und spricht Bände. Wir haben die Balance verloren: demographisch und demokratisch. Der clevere bürgerliche Mittelbau und die Jungsenioren haben sich des Sozialstaates bemächtigt. Sie nähren sich üppig an seinen Trögen. Den über 50jährigen gehört die Republik. Vor ihnen hat die Sozialpolitik (Regierung *und* Opposition) seit Jahren den wahltaktischen Kotau gemacht.

Der Versuch, in der Bundesrepublik (ebenso wie in Schweden, Holland, der Schweiz oder in Österreich) soziale Zufriedenheit und Geborgenheit allein monetär erkaufen und verrechnen zu wollen, muß als gescheitert angesehen werden. Eine lebendige Gesellschaft braucht zwischenmenschliche Beziehungen – auch Not- und Schicksalsgemeinschaften –, nicht nur starre formalisierte Verträge, die ungleiche Lastenverteilungen zementieren. Eine erfolgreiche Gesellschaft braucht gemeinsame Herausforderungen und gemeinsame Haftung. Sonderprivilegien ohne Leistungsnachweis vergiften das Klima. Zahlungsbefehle auf die nächste Generation auszustellen, nur damit privilegierte Gruppen weiterhin ungehindert aasen können – das nenne ich Verhinderung von Zukunft, Zukunftsdiebstahl.

Eine verantwortliche Gesellschaft braucht Transparenz und Kostenkontrolle. Das Versickern von Zwangsbeiträgen in anonymen Kassen, die kaum mehr durchschaubar und kaum noch kontrollierbar sind, dürfen wir nicht länger hinnehmen. Die Vorstellung, sich mit Beiträgen von der zwischenmenschlichen Verantwortung freikaufen zu können, war ein zivilisatorischer Fauxpas. Er ist dieser Gesellschaft schlecht bekommen. Eine humane, soziale Gesellschaft braucht dezentrale, regionale und kommunale Börsen für zwischenmenschliche Dienstleistungen im Sozialbereich, ein Geben und Nehmen. Nicht alle sozialen Leistungen müssen über die großen Sozialkonzerne zentral verwaltet und verteilt werden.

Die Entpathologisierung unserer larmoyanten Gesellschaft gehört zu den großen Aufgaben der Sozialpolitik der Zukunft. Das kostet Kraft und fordert Konfliktbereitschaft, denn die Leidensgemeinschaft der Sozialstaatsverwöhnten wird nicht aufhören, den Forderungskatalog auszuweiten, jede Reform zu torpedieren – ohne Rücksicht auf die Kosten. Die Zeche zahlt ja erst die nächste oder übernächste Generation. Dieses schwierige Vorhaben muß schnellstens angegangen werden, denn die Erfolgswahrscheinlichkeit nimmt stetig ab. Eigentlich sitzen wir schon heute längst in der Demokratiefalle. Die politische Macht liegt aktuell schon bei denen, die die in vergangenen Legislaturperioden versprochenen Wohltaten bereits beziehen oder in absehbarer Zeit erhalten wollen und also darauf pochen werden.

Now or never – sonst wird es ungemütlich in diesem Land. Wer glaubt, über Staatsverschuldung weiterwursteln zu können wie bisher, der irrt, und wer glaubt, sich unauffällig über den Euro und seine noch unklaren Währungsparitäten aus der Verantwortung ziehen zu können, der irrt auch. Ohne tiefe Einschnitte ins soziale Netz wird es nicht gehen.

Alle müssen Federn lassen: Arbeitnehmer und Gewerkschaften, Parteiideologen und subventionierte Großbetriebe, vollmundige Politiker und hypertrophe Anspruchnehmer, Jungsenioren im vorzeitigen Ruhestand und notorische Arbeitsverweigerer. Wenn dieser Sozialstaat in seinen Grundfesten bestehen will, dann verlangt das ein Engagement von allen Mitgliedern der Gesellschaft, je nach Kraft und Möglichkeit, finanziell oder durch persönlichen Einsatz. Jeder, der nicht schwer krank, hilflos oder hochbetagt ist, jeder, der nicht gerade Kleinkinder zu betreuen hat, muß einen Beitrag zum Gemeinwesen leisten oder auf Leistungen der Gemeinschaft verzichten. Nur Greise, Schwerstkranke, Mütter und Kinder brauchen den Vollschutz der Solidargemeinschaft – ohne Gegenleistung –, alle anderen werden sich auf härtere Zeiten einstellen müssen: längere Lebensarbeitszeiten, geringere Altersbezüge – nicht nur bei vorzeitigem Ausstieg –, mehr Eigenvorsorge und Eigenverantwortung, flexiblere Arbeitsbedingungen, weniger sozialstaatliche Absicherung, weniger Privilegien.

Schlaraffenland ist abgebrannt

> «Ein Messer ohne Klinge, an welchem der Stiel fehlt.»
> *(Georg Christoph Lichtenberg, 1742–1799)*

Der ahnungslosen Jugend überlassen wir Ältern ein geplündertes Buffet. Erstarrt, verkrustet, überfrachtet mit Versorgungslasten und Zukunftssperren, schlingert das einstige Wirtschaftswunderland ins Mittelmaß. Die «geschlossene Gesellschaft» der Arbeitsplatzbesitzer und Versorgungsberechtigten hat die junge Generation längst ausgesperrt. Und den Jungen fehlt das politisch-demokratische Instrumentarium, sich dagegen zu wehren und das Blatt zu ihren Gunsten zu wenden. Unterschwellig macht sich sogar Häme breit ob dieser verwöhnten, «nichtsnutzigen» Wohlstandskids: «Sollen sie doch sehen, wo sie bleiben, wir hatten es auch nicht leicht», schallt es manchmal aus der Kriegsgeneration der Großeltern. Diese Mischung aus Ignoranz, Neid und Abwehr ist weit verbreitet, vor allem bei denjenigen, die nicht gewillt sind, die Komplexität der Misere zu begreifen: das vertrackte Wechselspiel aus struktureller Arbeitslosigkeit, Wohlfahrtsbelastung, Demographie und Reformunwilligkeit, gepaart mit Währungsunsicherheiten.

Zukunftssicherung aus Verantwortung war unsere Sache nicht. Unsere Anciennitäts- und Garantiegesellschaft hat sich vor allem die eigenen Ansprüche absichern lassen. «Garantierte Versorgungsleistungen im Alter», «garantierte Gesundheitsleistungen»: Was heißt hier garantiert? Eine Garantie auf Wohlstand für alle ohne jeden Leistungsnachweis gibt es heute nicht mehr. Jedenfalls nicht für 81,5 Millionen Bundesbürger. Das ist so illusorisch wie eine Garantie auf 365 Tage Sonnenschein. Über den schrumpfenden Faktor Arbeit läßt sich ein bedarfsunabhängiges Wohlfahrtssystem nicht länger finanzieren. Eine Basisversorgung bestenfalls, als Grundstock für die Alterssicherung, als Notversorgung im Krankheits- und Pflegefall, bedarfsabhängig, aber nicht als vermögensschaffende oder vermögenssichernde Quelle. Kapitalbildung des passiven Teils der Bevölkerung auf dem Rücken überforderter jüngerer Erwerbstätiger: Das wird sich die jüngere Generation nicht bieten lassen. Sie wird all die sogenannten Versorgungsleistungen nicht finanzieren wollen und auch nicht finanzieren können. Wer keine Arbeit hat, kann keine Beiträge und Steuern zahlen. So einfach ist das. Ansprüche hin, Ansprüche her!

«Vertrauensschutz» gilt bis heute beim Gesetzgeber nur für die Verteidiger von Besitzständen, in der Regel für die Älteren. Hauptsache, die eigenen Pfründe werden gerettet. Als hätten die Jungen nicht auch einen schützenswerten Anspruch wenigstens auf ihre Chance auf dem Arbeitsmarkt. Jeder einzelne. Notfalls unter partiellem Verzicht der Älteren auf ihre Maximal«ansprüche» aus besseren Tagen.

Die Privilegierten und die Engagierten unter den Jungen suchen längst woanders ihr Glück, und für all die, die unterdessen – verschuldet oder unverschuldet – ins soziale Netz gefallen sind, wird ein Wiedereinstieg, eine «zweite Chance» in Deutschland immer schwieriger. Die Perspektive ist eindeutig: Sichere, zukunftsträchtige Arbeitsplätze wird es für immer weniger von ihnen geben, Entwicklungs- und Karrierechancen bleiben nur den Hochmotivierten und Leistungsbereiten vorbehalten, der internationale Konkurrenzdruck – selbst um die «bad jobs» – wird gnadenlos. Und das nicht irgendwann, sondern sehr bald. In einigen Branchen ist es bereits soweit. Da sind wir schon heute mitten im Verdrängungswettbewerb: im Baugewerbe, im Software- und Medienbereich, bei der nicht standortgebundenen Produktion, die zunehmend ausgelagert wird – und selbst im heimischen Rotlichtmilieu.

Auch diejenigen, die noch in Lohn und Brot stehen, müssen zukünftig mit erheblichen Kaufkraftverlusten ihrer mühsam verdienten Mark (bald «Euro») rechnen. Schon heute hat der für Deutschland errechnete vergleichende Mindeststundenlohn von sechs US-Dollar nur eine reale Kaufkraft von vier US-Dollar. Eine von der *Washington Post* in Auftrag gegebene Studie hat den Versuch gemacht, die durch Wechselkurse verzerrten internationalen Lohnvergleiche anhand der Kaufkraftvergleiche interpretierbar zu machen. Das nackte Lohnniveau eines Arbeiters in den einzelnen Ländern verleitet nämlich zu Trugschlüssen. Entscheidend ist, was der Betreffende mit seinem verdienten Geld dort, wo er es ausgeben muß (für Miete, Essen, Kleidung usw.), anfangen kann, wie hoch also die Kaufkraft ist.

Auf US-Dollar umgerechnet, liegen die niedrigsten Tariflöhne in Deutschland, Großbritannien, Japan, Finnland, Griechenland, Irland, Spanien und Mexiko unter dem gegenwärtigen US-Mindestlohn von 4,25 Dollar pro Stunde. Allerdings waren Nebenkosten wie Lohnfortzahlung im Krankheitsfall, Urlaubsgelder und Arbeitslosenversicherung (hier ist Deutschland einsame Spitze) in dieser Berechnung nicht erfaßt. Und daß auch solche Leistungen geldwerte Vorteile darstellen, liegt auf der Hand.

Bleibt die Erkenntnis, daß die untersten Lohngruppen in

Deutschland durch Kaufkraftdefizite bei den Lebenshaltungskosten bereits an der Untergrenze des Erträglichen angekommen sind. Und gerade in den untersten Lohngruppen finden sich die Jungen und die Berufseinsteiger. Um so mehr erscheint daher sinnvoll und notwendig, die Nettolöhne durch massive Einsparungen bei den Sozialversicherungsbeiträgen, durch sinnvolle Leistungsbeschneidungen kurzfristig zu verbessern. Also in der Tat: Beitragssenkung *und* Leistungsverzicht.

International operierende Arbeitgeber werden wohl derzeit kaum zu Nettolohnerhöhungen für deutsche Arbeitnehmer zu bewegen sein, solange sie in Portugal oder England, in Polen oder gar Indonesien dieselbe Arbeitsleistung wesentlich günstiger einkaufen können und dennoch zufriedenere Arbeitnehmer haben – Arbeiter und Angestellte, die trotz geringerer Löhne eine stärkere Kaufkraft im eigenen Land haben als die «teuren» Deutschen in ihrem Wohlfahrtsparadies.

So geraten immer mehr Branchen fest in die Hände ausländischer Billigproduzenten und Arbeitsvermittler aus angrenzenden Niedriglohnländern. Die Unqualifizierten und die Trägen, die Unflexiblen und Satten, die Teuren und Rundumversicherten werden gnadenlos aus dem Markt gedrängt. Das ist die Crux der Kaufkraftdifferenzen im Europa ohne Grenzen. Das soziale Netz puffert derzeit diesen hoffnungslosen Kampf noch ab – auf Kredit. Aber wie lange ist unser Subventionismus und Sozialprotektionismus noch aufrechtzuerhalten? Wäre nicht ein Stück Realismus beizeiten hilfreicher? Mit der Mentalität der drei Affen können sich auch die Gewerkschaften auf Dauer nicht der Realität verschließen.

Wer heute als Akademiker erst mit Anfang Dreißig seine «Berufskarriere» beginnt, hat schlechte Karten. Wer sich mit Hauptschulabschluß oder gar als Abbrecher um eine Lehre bemüht, ist erledigt. Seine Looser-Biographie ist vorgezeichnet. Schon heute besitzt jeder vierte Lehrling das Abitur. Doch auch ohne solch starke Konkurrenz wäre der Versuch, eine Ausbildung zu erhalten, schon schwer genug. Er trifft selbst in geschmähten Berufen schon bei der Lehrstellensuche auf ungeliebte Konkurrenz. Das hat seinen Grund: Für die Handlangerdienste, also die wenigen Jobs, die nach Mechanisierung und Roboterisierung der Arbeitsabläufe überhaupt noch von Menschen ausgeführt werden, braucht man keine Lehrberufe. Hier reichen willige «Arbeitssklaven», Angelernte. Und für die Konstruktion und Entwicklung neuer Produkte sucht man sich die besten Fachkräfte international – nicht nur aus Deutschland, dessen Universitäten und Technische Hochschulen ihren guten Ruf weitgehend eingebüßt haben.

Mitte 1996 suchten noch 182000 Jugendliche eine Lehrstelle – im Schnitt für circa 1000 DM pro Monat (Ost: 840 DM) im ersten Lehrjahr. Und obwohl der Kanzler den Arbeitgebern auf die Füße trat, blieben für etwa 30000 Schulabgänger die Türen zur Arbeitswelt verschlossen, vor allem in den strukturschwachen Regionen. Sie suchten vergeblich. Ob daran die 350 bis 500 DM nichtgebundene Mobilitätspauschale etwas ändern wird, die beispielsweise das Land Nordrhein-Westfalen auslobt (beim Arbeitsamt zu beantragen), um Jugendliche zur Annahme einer wohnortfernen Lehrstelle zu bewegen (mehr als sechzig Minuten zwischen Wohnort und Arbeitsplatz), bleibt abzuwarten. Für strukturkrisengeschüttelte Regionen wie das Ruhrgebiet oder

Mecklenburg-Vorpommern mag eine solche Maßnahme sinnvoll sein. Wenn sie greift, wird sie allerdings auch Auswirkungen auf die demographische Struktur ganzer Regionen haben. Sie drohen zu veröden.

Auch Zuschüsse an die Arbeitgeber für jede im Ausbildungsverbund geschaffene Lehrstelle von 10000 DM sind bestenfalls ein Tropfen auf den heißen Stein. Wenn etwa große Versicherungskonzerne wie die Gothaer, trotz florierender Vermögenslage, erst auf persönliche Intervention des Kanzlers gerade einmal 19 zusätzliche Ausbildungsplätze lockermachen, dann spricht das Bände.

An der zögerlichen Bereitschaft zu Ausbildung und Neueinstellung dokumentiert sich zweifellos ein Trend. Weil menschliche Arbeit in ausgeprägten Sozialstaaten und im internationalen Vergleich zu kostenintensiv ist, führt der Rationalisierungsdruck der Kapitalgeber auf ihre (angestellten) Manager zu immer rüderem Durchgreifen beim Personalbestand. Andernfalls wird das Kapital ganz aus den Produktionsbetrieben abgezogen und völlig der Spekulation und den internationalen Finanzmärkten überlassen. Die investieren dann erst recht in ferneren Regionen, jedenfalls dort, wo die maximale Rendite winkt.

Die Anonymität und Menschenferne der Betriebsführungen in Großkonzernen mag man bedauern, beweinen, beschimpfen. Sie korreliert mit der Größe des Unternehmens und seiner Internationalität. Sie ist ein Merkmal der Zentralisierungsprozesse der Wirtschaft weltweit und mit wohlfeilen Appellen wohl kaum zu bremsen. Im Gegenteil, sie wird weiter fortschreiten und weltumspannende, aktive, hochpotente Oligopole hervorbringen, die einer Handvoll global player ermöglichen, die Politik nationaler Instanzen auf

Handlangerdienste zu reduzieren – endlos tagend in dekorativen Alibiparlamenten. Einige wenige Weltkonzerne, besonders aus dem High-Tech-Bereich, der Automobil-, Elektronik- und der Erdölproduktion dominieren das Geschehen auf dem Arbeitsmarkt und setzen als Investoren richtungweisende Trends. Ihr Ziel heißt Rendite, nicht Gerechtigkeit oder Chancengleichheit. In der Welt der Ökonomie zählen Marktanteile und der «short term profit».

Solange gravierende Lohngefälle, Währungsdumping und immense Kaufkraftunterschiede Investoren und vagabundierende Finanzströme wie von unsichtbarer Hand lenken, bleiben nationale politische Bemühungen bestenfalls von bescheidenem Erfolg gekrönt. Auf weltweite Sozialstandards unserer Prägung zu pochen, ist angesichts eines grenzenlosen Marktes, dessen Teilnehmer vor allem und legitimerweise auf ihren eigenen Vorteil aus sind, töricht. Das bleiben Konstrukte grauer Schreibtischökonomen. Wer glaubt denn allen Ernstes, China oder Malaysia ließen sich von uns die bundesdeutschen Sozialstandards überstülpen? Ebensowenig wird ein deutscher Gewerkschaftsfunktionär akzeptieren wollen, daß sich seine Mitglieder im Rahmen der EU-Harmonisierung der Sozialpolitik auf dem Niveau von Portugal wiederfinden. Ein bedingter Einfluß ließe sich günstigstenfalls durch politische Blockbildung mit koordinierter Währungs-, Handels- und Steuerpolitik sichern. So, und nur so, sind die weltweiten politischen Zusammenschlüsse zu interpretieren, nennen sie sich nun EU, NAFTA oder Mercosur (die südamerikanische Wirtschaftsgemeinschaft).

Wer aber allein auf politische Blockbildung und internationale Koordinierungsprozesse setzt, entfernt sich auch wieder von der Realität. Nicht reale Handelsgeschäfte und der Austausch von Waren lenken die gigantischen Finanzströme der Anleger aus den amerikanischen Rentenfonds, sondern Börsenphantasien, Gerüchte, Deutungen – oft nur flüchtig dahingehauchte Äußerungen von Großbankiers und Regierungschefs. Es ist schon paradox: Je rationaler, technokratischer die Arbeitswelt wird, um so spekulativer, phantasieabhängiger wird die Finanzwelt. Eine Schizophrenie unserer Zeit.

Die größte Wertschöpfung läßt sich heute mit Produkten erzielen, die mit geringem Arbeits- und Materialaufwand und mit viel Phantasiebeimischung am Markt plaziert werden: Mit der Vision von Zeitgewinn, mit Luxus-Körperkult-Produkten und Emotionalia, wie beispielsweise High-Tech-Bausteinen in der Telekommunikation und den visuellen und auditiven Medien oder mit Gesundheits- und Hygieneprodukten, die eine paradiesische Existenz bis ins biblische Alter versprechen, kurz: mit allem, was defizitäre Gefühle wie Sicherheit, Schutz, Phantasie, Schönheit und Geborgenheit bedient. Knallharte Geschäfte mit weichen Gefühlen – das ist die Erfolgsmasche der Jahrtausendwende. Irgendwie irrational, aber erfolgreich, dieser moderne «ökonomische Romantizismus».

Hinzu kommt das Dilemma des technischen Fortschritts. Die erwünschte Wertschöpfung läßt sich zunehmend auch ohne menschliches Zutun erzielen oder zumindest mit einem minimalen Personalbestand in Kleinstbetrieben. Hier liegt das zentrale Problem von vergreisenden Sozialstaaten und ihren Gewerkschaften, die die Alters- und Sozialversorgung vor allem über die Arbeitskosten bzw. über die Lohnzusatzkosten finanzieren. Hier bedarf es grundlegender Reformen: Eine neu gesplittete Mehrwertsteuer mit drei Stufen und deutlicher Belastung klar zu definierender Überflußgüter und -dienstleistungen (altersspezifische Konsumleistungen, Genußmittel wie Alkohol und Tabak, Freizeitvergnügungen usw.) sowie eine deutliche Absenkung der Mehrwertsteuer auf existenzsichernde Produkte (Lebensmittel, Kleidung, Kinderbedarf, Fortbewegung usw.) wäre ein Ansatz – und angesichts der ungleichen Vermögenslage zugunsten der älteren Generation auch durchaus zumutbar.

Auch die – bereits angekündigte – Besteuerung hoher Altersbezüge oberhalb angemessener Freibeträge sowie der Doppelt- und Dreifachabsicherungen auf Staatskosten wäre aus meiner Sicht eine vertretbare Korrektur des derzeitigen Status quo. Eine staatliche Altersversorgung, die nicht etwa Lebensleistung honoriert, sondern rücksichtslose Cleverness und Klientelpolitik auf dem Rücken anderer, ist nicht hinnehmbar. Sicher gibt es juristische Einwände nach derzeitigem Recht, aber die Geschichte bietet genügend Beispiele von Lebensumständen, in denen selbst der Kaiser das Recht verloren hat. Einem nackten Mann kann man nicht in die Tasche greifen.

Fakt ist, daß es in diesem Land nicht nur Vermögens- und Kapitalmillionäre gibt, sondern auch Anspruchs- und Pensionsmillionäre. Zustände, «wie bei Hofe» mitten im Sozialstaat. Der «Zehnt», den der Bauer früher an seinen Lehnsherrn abführen mußte, war ein Klacks dagegen. So manchem Selbständigen und Freiberufler und allen kleinen und mittleren abhängig Beschäftigten hierzulande schießen ob dieser zeitversetzten, verschleierten Vermögensbildung die Tränen in die Augen. Um eine ähnliche Kapitalbildungsquote zu erreichen, müßte ein Freiberufler schon ein Höchstmaß an steuerkrimineller Energie aufbringen. Auch das gibt es, selbstverständlich. Aber das Gros hat sich durchgewurstelt, mehr schlecht als recht – und mit hohem Einsatz und Risiko. Jedenfalls war und ist mit klassischer Arbeit eine derart üppige Altersabsicherung nicht zu erwirtschaften. Wenn der Selbständige aufhört zu arbeiten, verzehrt er seine Rücklagen, von den Zinsen allein können die wenigsten leben.

Die neue «Gründerwelle», die nun propagiert und der Jugend offeriert wird, macht vor allem unter dem Aspekt der nicht zu gewährleistenden Altersabsicherung nach dem alten Modell durchaus Sinn. Ein weiteres Heer von Beamten, öffentlich Bediensteten und abhängig Beschäftigten läßt sich nicht mehr installieren. Daher ist der große Appell für Selbständigkeit mehr als der Versuch, aus der Not eine Tugend zu machen. Es ist die geschickt kaschierte Bankrotterklärung einer Generation, der Generation der Zukunftsdiebe, an ihre gebeutelten Kinder.

Auf der Suche nach der Mitte

> «If you can't beat them, join them.»

Die Ausgaben für die Altersversorgung wachsen explosionsartig. Die demographische Zeitbombe tickt. Im Osten Deutschlands sind bereits 97 Prozent der Frauen zwischen 60 und 65 nicht mehr erwerbstätig (im Westen 87 Prozent), das heißt, daß nur noch drei Prozent bzw. dreizehn Prozent der «fitten Sixties» einer Erwerbstätigkeit nachgehen; auch bei den Männern sind nur noch 16 Prozent im gleichen Alter berufstätig, müssen also nicht über Versorgungsleistungen alimentiert werden (im Westen 33 Prozent). Mit dieser Tendenz der staatlich legitimierten Frühvergreisung nähern wir uns wieder bedenklich der Greisendefinition in *Meyers Konversationslexikon* aus dem Jahre 1893: «Das Greisenalter beginnt bei den Männern zwischen 50 und 60 Jahren, bei den Frauen ab 45.» Da horcht man auf.

Aber wozu dann die fast 500 Milliarden DM, die wir pro Jahr für Gesundheit im weitesten Sinne ausgeben? Das ist mehr als der gesamte Bundesetat. Alles Unsinn? Hundert Jahre medizinischer Fortschritt, und nichts passiert? Aufwendige medizinische und gesellschaftspolitische Erfolge ohne sozialpolitische Konsequenzen? Das ist ein Grund für die Dissoziation des gesellschaftlichen Klimas. Das ist die Folge von mißverstandener Sozialpolitik einer «durch bequeme Gekränktheiten und anhaltenden Selbstverbiß geschädigten Gesellschaft» (Stan Nadolny).

Eine völlig andere und sicher Widerstand provozierende Überlegung zur Alters- und Gesundheitsversorgung ist die Idee einer degressiv verlaufenden Altersabsicherung: das Absenken solidarisch finanzierter Leistungen nach nur kurzer Erwerbsphase und mit steigender Lebensdauer. Der erste Teil ließe sich durch persönliches Engagement beeinflussen. Die oft individuell beeinflußbare letzte Lebensphase könnte durch eine private Zusatzversicherung, je nach Gusto und Möglichkeiten, abgesichert werden. Allerdings würde dieses Modell die Basisberechnungen der Pflegeversicherung völlig über den Haufen werfen. Doch der teilweise entwürdigenden «Abzocke» am Ende des Lebens durch eine immer raffiniertere «Gesundheits- und Sozialmafia» könnte das eigenverantwortliche Individuum viel bestimmter entgegentreten, als dies unter der Prämisse einer «Nullkosten-» oder «Umsonst-»mentalität möglich ist. Zugegeben, eine sozialpolitische Utopie, vielleicht ein wenig spektakulär, aber ein logischer Denkansatz. Ein steigender Altersquotient, nach dem sich der Anteil der «Alten» und Pflegebedürftigen von 1990 bis 2030 verdoppeln wird, macht neue Überlegungen notwendig. Europaweit wird von der Europäischen Kommission bis zum Jahr 2020 mit einer Zunahme der 65jährigen um 43 Prozent gerechnet. Das bedeutet einen Zuwachs der Alten von heute 52 Millionen auf 75 Millionen. Sinn-, Nutzen- und Kostenfragen müssen diskutiert werden. Jetzt!

Die jüngeren Erwerbstätigen, insbesondere die jungen Familien mit Kindern, leben schon heute von der Hand in den Mund. Daran wird auch die verwässerte Steuerreform nichts ändern, nicht nur, weil vermutlich gleichzeitig eine undifferenzierte Mehrwertsteuer als Konsumsteuer draufgesattelt wird. Hohe Mieten, steigende Lebenshaltungskosten, Abwasser- und Müllgebühren – hohe Nettobelastungen und eine schwindende Kaufkraft eben – treiben den Spielraum der jungen Familien und jungen Erwerbstätigen für Konsumausgaben gegen null.

Die Wohlstandsinseln, all die Urlaubs-Traumziele innerhalb und außerhalb Deutschlands, werden heute schon zunehmend von denen bevölkert, die sich von der aktiven Erwerbsgesellschaft längst abgekoppelt haben. Und der «Rest-Sozialstaat» wird vor allem von denen in Anspruch genommen, die längst im Ruhestand sind und sich auf vollmundige Versprechungen aus besseren Tagen berufen können. Die anderen beißen die Hunde. Darüber zerfällt die Gesellschaft. Sie spaltet sich in Abgesicherte und Chancenlose, in hochdotierte Spitzenkräfte und Handlanger auf Minilohnniveau.

So dünnt sich der gesamte berufliche Mittelbau langsam aus und mit ihm der sogenannte Mittelstand. Die Gesellschaft polarisiert sich auf allen Ebenen. Das Spiel der Jahrtausendwende wird ein Spiel für Wohlhabende und Zocker nach dem Motto: «Wer schon hat, dem wird auch weiter gegeben.» Die «Have-nots», die Habenichtse, werden zum Spielball. Weltweit läßt sich vorhandenes Kapital beliebig mehren. Als Investor ist man nicht mehr ortsgebunden. Arbeit wird mobil, junge Menschen müssen es werden. Das führt ganz zwangsläufig zum Verfall der alten gesellschaftlichen Strukturen, nicht zuletzt der Familien und des Generationenverbundes alter Prägung mit seinen subsidiären Strukturen.

Mit jedem Tag, an dem wir weiterwursteln wie bisher, verschärft sich die Situation, nehmen die Unzumutbarkeiten zu, schwinden die Korrekturmöglichkeiten. Wir haben ohnehin schon viel zu lange gewartet. Eine Generalrevision ist angesagt, eine Neuverteilung der Chancen, eine Neuzuordnung von aktuellen Belastungen und Leistungsberechtigungen zwischen den Generationen. Zwischen denen, die für die Gegenwart und Zukunft verantwortlich sind, und denen, die tatenlos auf ihre verbrieften Ansprüche pochen.

Wir brauchen wieder Unternehmer und Großbanken, die bereit sind, hier und in Europa zu investieren, Vertrauen in die zivilisatorische, innovative Kraft einer Hochkultur zu setzen, anstatt das Geld über die internationalen Börsen vagabundieren zu lassen. Für kapitalkräftige Investoren herrschen derzeit rosige Zeiten. Sie säen nicht, sie ernten nur noch. Wir können sie nicht zwingen, sich wieder hier zu engagieren, aber wir könnten es ihnen wieder schmackhaft machen, indem wir das eigene Haus in Ordnung bringen und die notwendigen Reformen zügig umsetzen: als Befreiungsschlag im eigenen Interesse. Mit Billiglohnländern können und dürfen wir nicht bedingungslos konkurrieren, wohl aber mit unseren europäischen Nachbarn, vorausgesetzt, es geht ein Ruck durch dieses Land. Warum sollte der Standort Deutschland nicht wieder ein attraktives Pflaster werden? Mit motivierten Menschen, leistungsgerechter Entlohnung, ohne lähmende Bürokratie und erdrückende Steuer- und Abgabenlast?

Wir müssen die uns verbliebenen Stärken nutzen und ausbauen, unsere Infrastruktur, die politische Stabilität, eine leistungsbereite Jugend. Wir können es uns auf Dauer nicht leisten, daß unsere Eliten wegen Unterforderung und bürokratischer Behinderung abwandern: Studenten, Forscher, Spezialisten, Meister, Ingenieure, sogar schon Schüler. Wir müssen den Mentalitätswandel schaffen – auch gegen heftigste Widerstände. Die Sozialreform ist der Lackmustest dafür, dies muß auch die Opposition akzeptieren.

Bleibt dieser Mentalitätswandel aus, laufen wir schnurstracks in eine gigantische Staatsverschuldung mit allen finanzpolitischen Konsequenzen. Daran kann langfristig niemand interessiert sein, auch die beinharten Besitzstandswahrer nicht. Wir schaffen den ökonomischen Anschluß nur mit einer hochmotivierten, bestens ausgebildeten, leistungsbereiten Jugend. Ihr muß unser ganzes Augenmerk gelten, ihr müssen wir alle Chancen eröffnen.

Was tun?

«Und bessert euch drauflos.»
(Erich Kästner)

Die nächsten zwei Jahre in Deutschland werden richtungweisend. Viele wissen noch gar nicht, wie konkret sie betroffen sein werden – ob mit oder ohne Job. Wir werden sehr rasch und zupackend viele ganz unterschiedliche Reformen vornehmen müssen, nicht nur im Sozialstaat, auch bei der Steuergesetzgebung und in der Rechtsprechung. Damit das gelingt, im Klartext: damit die Probleme nicht auf der Straße, sondern politisch gelöst werden, muß allen Beteiligten als erstes die Dramatik der Generationenungerechtigkeit bewußt werden.

Die Voraussetzungen für eine demokratische, politische Lösung sind auch dann immer noch denkbar schlecht. Das «Gesetz der großen Zahl», also die politische Dominanz der älteren, besitzstandwahrenden Wählermehrheiten, wird jede entschiedene Kurskorrektur massiv erschweren. Um so dringlicher brauchen wir mutige Politiker und seriös informierende Medien; um so dringlicher muß die junge, zunehmend politik- und parteienmüde Generation ihre Interessen selbst in die Hand nehmen und sich einen Platz und eine gewichtige Stimme in den politischen Gremien und in der Öffentlichkeit zurückerobern. Sie müssen sich einmischen, müssen mitarbeiten und mitgestalten. Und wir müssen sie lassen.

Die Chancen und Risiken werden derzeit neu, aber nach wie vor höchst ungleich verteilt – und dies ist das eigentliche Problem. Das ist auch der gravierende Unterschied zu anderen schwierigen Umbruchphasen der deutschen Geschichte, zum Beispiel der Nachkriegszeit. Damals ging es allen schlecht – von einigen Alliiertengünstlingen einmal abgesehen. Wer anpacken wollte, der konnte das tun, mit eigenen Händen, mit Engagement und Fleiß, ohne staatliche Gängelung und Reglementierung, ohne starre Flächentarif- und Überstundenregelung, ohne erdrückende Steuer- und Abgabenlast in Fässer ohne Böden. Das war die Geburtsstunde des Wirtschaftswunders deutscher Prägung (wenn auch mit alliierter Startunterstützung).

Heute gibt es keine nationalen Sonderwege mehr. Die internationalen Währungsverflechtungen, die Gesetze der Globalisierung machen es fast unmöglich, sich am eigenen Schopf aus dem Sumpf zu ziehen. Bleibt vorläufig vor allem die Konsolidierung der nationalen Budgets und eine Strukturreform der Sozialsysteme. Und da wohl eher bei den Ausgabeposten als auf der Einnahmenseite. Jedenfalls sind die Steuereinnahmen in Rezessions- und Stagnationsphasen eher rückläufig, und die Ausgabenseite in vergreisenden Sozialstaaten zwangsläufig explodierend. Hier liegt ein Schlüssel zur internen Korrektur, neben der Bekämpfung von Steuerhinterziehung und dem Subventionsabbau.

Damit wir der Generationenverantwortung – verbindlich und einklagbar – gerecht werden, bedarf unser Rechtsrahmen einiger Modifikationen, wie ich sie an verschiedenen Stellen des Buches bereits angesprochen habe. Für eine der wichtigsten Maßnahmen halte ich, neben dem erwähnten «Verböserungsprinzip», die Etablierung eines Verfassungszusatzes im Grundgesetz, in dem ein ausgeglichener Jahreshaushalt verbindlich festgeschrieben und das Ausmaß der gesamten Staatsverschuldung limitiert wird. Sollte das – erwartungsgemäß – aus wahltaktischem Kalkül national nicht durchgesetzt werden können, wäre dies eine sinnvolle europäische Aufgabe – denn die Überalterung und das Generationenproblem betreffen alle Industrienationen gleichermaßen, speziell in Europa. Nicht nur die politisch vorgegebenen Maastricht-Kriterien sollten Anlaß für eine Konsolidierungsinitiative sein, sondern in erster Linie die Verantwortung für die Zukunft unserer Kinder.

Ressourcensicherung und die Bereitstellung von Startchancen für die jüngere Generation wird aber nur über einen Verzicht der Älteren (als Generation) möglich sein. Für eine solche Neujustierung gibt es kein Patentrezept. Ein ganzer Strauß von Maßnahmen wäre nötig – und zwar möglichst sofort und zeitgleich.

Gegen Globalisierungs- und Rationalisierungstendenzen, gegen internationale Währungsturbulenzen und Finanzverschiebungen läßt sich national, wie gesagt, wenig ausrichten. Hier helfen nur gemeinsame europäische Konzepte und Maßnahmen – falls sich die divergierenden Interessen überhaupt jemals auf einen großen gemeinsamen Nenner bringen lassen. Zweifel daran sind leider angebracht.

Damit ist das «Spiel» aber keineswegs von vornherein verloren. Um den Rückstand wieder aufzuholen und auch international wieder «handlungsmächtig» zu werden und der «Globalisierungsfalle» zu begegnen, müssen wir zunächst einmal gravierende nationale Fehlentwicklungen korrigieren. Allein diese Korrekturen werden schon flächendeckendes Gezeter heraufbeschwören. Die Balance zwischen den Generationen, zwischen Geben und Nehmen, zwischen Eigenengagement und notwendiger Fürsorge wiederherzustellen, wird ein politischer Herkulesakt.

Zugegeben: Nie war es in der Geschichte der Bundesrepublik unangenehmer, seriöse Politik zu betreiben, als heute. Die Zeiten, da man Zuwächse großzügig verteilen konnte, sind endgültig vorbei. Jetzt müssen die unhaltbaren Versprechen und Wahlgeschenke der Vergangenheit zumindest teilweise wieder eingesammelt werden. Das verärgert die Bürger und birgt die Gefahr einer Radikalisierung aus Unverständnis und Unkenntnis. Die Politiker von heute müssen auch viele Sünden ihrer Vorgänger ausbaden. Und dennoch, oder gerade deshalb: Die Lügerei muß ein Ende haben. Wir müssen das Rad ein Stück zurückdrehen und die Grenzen des Möglichen respektieren.

Um das drohende Desaster zu mildern und die Belastungen wenigstens halbwegs gerecht zu verteilen, wären – mindestens – folgende drei Schritte nötig:

1. Eine vollständige Offenlegung der Staatshaushalte (Einnahmen wie Ausgaben), inklusive der zu erwartenden Zukunftskosten (generational accounting) sowie eine detaillierte Auflistung sämtlicher «Sondervermögen», «Sonderfonds» und Schattenhaushalte.
2. Ein Verfassungszusatz, der die jährliche Etatausgeglichenheit der öffentlichen Haushalte vorschreibt sowie klar definierte, enge Obergrenzen für die Staatsverschuldung verbindlich festlegt.
3. Eine Änderung des Grundgesetzes bezüglich des «Vertrauensschutzes». Es kann nicht sein, daß ein Vertrauensschutz nur rückwirkend für versprochene oder bereits realisierte Besitzstände der älteren Generationen gilt und gleichzeitig das «Vertrauen» unserer Kinder auf eine lebenswerte und selbstbestimmte Zukunft untergräbt.

Diese drei Schritte sind eigentlich zwingende Voraussetzungen für effektives Handeln. Obwohl es weiß Gott nicht meine Aufgabe ist, komplette politische Konzepte zu erstellen, bin ich bereit – ohne Tabus –, einige Ansätze aufzuzeigen:

- Eine deutliche Senkung der Beiträge zur gesetzlichen Krankenversicherung bei gleichzeitiger Begrenzung der solidarisch finanzierten Leistungen auf «zwingend notwendige Diagnostik und Therapie»;
- eine Rückführung der anonymen Zwangsversicherungssysteme insgesamt und eine Überführung – langfristig – der arbeitskostenbelastenden Beitragsfinanzierung der gesetzlichen Rentenversicherung in ein steuerfinanziertes Grundleistungssystem;
- Erhöhung des Renteneintrittsalters mit deutlichen Abschlägen bei vorzeitigem Ausstieg;
- eine sofortige Kürzung der Verwaltungskosten aller Sozialversicherungen um mindestens 30 Prozent (es ist nicht nachvollziehbar, daß trotz Computerisierung und Rückgang der Beitragseinnahmen die Verwaltungskosten beständig gestiegen sind);

- Reduzierung der direkten Steuern (geplant);
- sämtliche Einnahmen aus der geplanten Mehrwertsteuererhöhung (dreistufig) sollten für Zukunftsinvestitionen und nicht wieder zum Ausgleich von Defiziten in den Versorgungskassen eingesetzt werden;
- steuerliche Freistellung der Beiträge für Vorsorgeleistungen insbesondere für die Jungen und die jüngere Erwerbsgeneration;

– Erhöhung der Besteuerung von Altersruhegeldern und Renten oberhalb von Freigrenzen;
– Überprüfung von sich addierenden Altersbezügen;

– Kopplung der Pensionen (die ja allein aus Steuermitteln finanziert werden) an die Entwicklung der Steuereinnahmen (bei Rückgang der Steuereinnahmen müssen auch die Bezüge und Versorgungsleistungen zurückgeführt werden, oberhalb definierter Freigrenzen);
– ersatzlose Streichung sämtlicher Beihilfevergünstigungen (derzeit circa 12 Milliarden DM pro Jahr);
– generelle Rückführung des Beamtenstaates auf hoheitliche Aufgaben (mit sofortigem Einstellungsstopp);
– Ankopplung der Versorgungsansprüche von Beamten an Lebensarbeitszeit und Leistungsprinzip;

– Abschaffung der Wehrpflicht und des Zivildienstes;
– kommunale bzw. regionale Unterstützung eines freiberuflich organisierten sozialen Dienstleistungsmarktes;
– Förderung von privaten Stiftungen;
– Erleichterung von Kapitaltransfers von Alt nach Jung im Rahmen der Erbschaftssteuer – vor allem zugunsten der Enkelgeneration;
– Wahlberechtigung ab 16 Jahren;
– Aufwertung der Kindererziehungsleistungen;
– Privatisierung der Hochschulen (bis dahin Präsenzpflicht der Hochschullehrer – höchstselbst – bei den Lehrveranstaltungen und Offenlegung aller Nebeneinkünfte);
– Splitting der Hochschulausbildung in praxisnahe Grundlagenstudiengänge und Forschung;
Straffung der Ausbildungszeiten für Lehrberufe.

Ich könnte noch eine ganze Weile so fortfahren, wohl wissend, daß ich mir mit jedem weiteren Vorschlag neue Feinde mache. Mir geht es aber zunächst um eine überfällige, offene Debatte und einen Reformanstoß zu verantwortlicher und zukunftsfähiger Politik. In jedem Ministerium darf weitergedacht werden.

Ob einem die Vorschläge «gefallen» oder nicht: So oder ähnlich wird es kommen, muß es kommen. Die Steuergesetzgebung und die Sozialpolitik werden zu den Dreh- und Angelpunkten für die Korrektur der innerstaatlichen Ungerechtigkeiten. Das reinigende Gewitter kann und muß dabei von der Jugend ausgehen: einer aufgeschlossenen, fordernden, realistischen Jugend, die ihre Chancen demokratisch und politisch erzwingt. Parteiübergreifend sind schon kleine Keimzellen entstanden, wenn auch vorerst mehr zur Dekoration und als Demonstration von Meinungsvielfalt und vorgetäuschter Problemwahrnehmung. Noch kuschen die Youngster unter der routinierten Knute der erfahrenen Wahlkampfstrategen, die die Mehrheiten nach wie vor bei der älteren Klientel suchen und finden. Diese Unbelehrbaren sind seit Jahrzehnten auf Konfliktvermeidung programmiert. Sie versteifen sich auf reine Geldbeschaffungsideologie und verfallen im Zweifelsfall auf Staatsdirigismus. Wohin das geführt hat, ist überall zu besichtigen. Kein schöner Anblick. Die Jungen sollten auf Europa setzen, notfalls auch auf europäisches Recht, wenn die nationale Gesetzgebung keine Reformkraft aufbringt.

Die verzweifelte Suche nach neuen Jobs außerhalb der klassischen Ausbildungsgänge verlangt Kreativität und Improvisationsvermögen von den Jobsuchenden sowie einen möglichst großen Gestaltungsspielraum auf seiten des Bundes, der Länder und Gemeinden. Warum sollten sich kleine Organisationen und Gruppen von jungen Menschen ohne offizielle Berufschancen nicht als unkonventionelle Newcomer bei der Ausschreibung öffentlicher Aufgaben im kommunalen Bereich bewerben können – wenn das Konzept stimmt und statt Sozialalmosen Startkapital geboten wird? Startkapital aus regionalen Quellen – zeitlich limitiert –, die sich aus umgewandelten Sozialleistungstöpfen, Privatisierungserlösen und Stiftungen speisen. Arbeit und Chancen zu fördern statt Nichtstun und Passivität, das muß der Weg sein. Der einzige Weg aus einem System, das den Stürmen der Zukunft nicht gewachsen ist. Sozialstaat und Leistungsnachweis müssen sich nicht ausschließen, sowenig wie Fürsorgepflichten und seriöse Bedarfsprüfung. Das Vollversorgungssystem im klassischen Sinne sollte sich auf die beschränken, die aus eigener Kraft nichts mehr beitragen können.

Beschneidungen sind nicht zu umgehen. Sie sollten aber meines Erachtens vorrangig die älteren Arbeitsplatzbesitzer und die jetzigen Renten- und Pensionsbezieher treffen – oberhalb existenzsichernder Freigrenzen. Sie haben ihre – relativ – sichere Altersversorgung, viele noch eine zusätzliche Betriebsrente, oft ein abbezahltes Häuschen oder eine Wohnung, dazu noch eine Lebensversicherung und etwas Erspartes – und all dies zu einem Zeitpunkt, an dem die Kinder bereits aus dem Haus und die großen Bedürfnisse weitgehend gedeckt sind. Ihnen wäre Verzicht am ehesten zumutbar. Steigerungen der Alterseinkommen aus den Beitragsleistungen und Steuern der Jüngeren sind jetzt wirklich nicht mehr angebracht.

Deshalb noch einmal: Die leistungsbereite Jugend, die Erwerbstätigen und die jungen Erziehenden brauchen endlich den Einfluß auf politische Entscheidungen, der ihnen zusteht. Wer zahlt, bestellt die Musik, auch in der sozialen Marktwirtschaft. Alles andere ist soziale Träumerei. Die arbeitswillige, aber arbeitslose Jugend, die Aktiven und Leistungsträger – dazu zähle ich auch die Mütter und Väter, die unter Verzicht auf eigene Karriere und eigenes Einkommen Kinder erziehen – spüren die Folgen dieses gesellschaftlichen Selbstbetruges hautnah jeden Tag, ganz konkret an ihrer Haushaltskasse. Sie müssen ihre Anliegen thematisieren und in die politische Arena tragen. Und wir sollten ihnen dabei jede Unterstützung zukommen lassen, auch unter Verzicht auf eigene Bequemlichkeiten.

Brief an meine Kinder

Ich weiß, und ich hoffe, Ihr wißt es auch, daß es Euch beiden sehr viel besser geht als vielen anderen. Ihr seid auf der Sonnenseite des Lebens groß geworden. Ich wünsche mir nichts mehr, als daß es Euch auch weiterhin gutgehen möge. Aber dafür gibt es keine Garantie. Und die Zeiten werden rauher.

Ihr werdet es schwerer haben als wir, als meine Generation, Euren Platz in der Gesellschaft zu finden. Und niemand wird Euch einen Platz zuweisen. Ihr müßt darum kämpfen. Ich kann Euch vielleicht, und auch das ist schon ein Privileg, den Start erleichtern. Mehr nicht!

Ihr werdet in naher Zukunft weitgehend auf Euch selbst gestellt sein. Kein umsorgender Staat, kein umfassendes Sozialsystem kann euch noch auffangen, wenn Ihr scheitert. Vielleicht gibt es dann noch ein paar private Wohlfahrtsorganisationen, das schlechte Gewissen des Kapitals im Exil – aber der Staat wird es nicht können.

Ausgerechnet Michael Jackson findet die rechten Worte: «All I can tell you, they don't (really) care about (us)» – schmettert er Euch via Videoclip aus den Favelas von Rio de Janeiro um die Ohren, und die Kids weltwelt kreischen dabei vor Begeisterung. Dabei gilt dieser Slogan nicht nur für die Underdogs in Rio, es wird auch viele Kinder in den heutigen Wohlfahrtsstaaten böse erwischen. Wenn Ihr wüßtet, wie recht der Tänzer hat.

Befreit Euch aus den Fesseln unsinniger überholter Lehrinhalte und den lustlosen Darbietungen überalterter, ermatteter Lehrer. Horcht in Euch hinein. Entdeckt, was Euch fasziniert, macht Euch auf die Suche nach Menschen und Lehrmeistern, die Eure Potentiale weiterentwickeln. Laßt Euch begeistern, auch fordern. Entwickelt eigene Kriterien, nach denen Ihr die Informationsflut dieser Zeit für Euch nutzbar macht.

Laßt Euch nicht überfrachten mit altbackenem Nonsens ideologischer Fossilien. Baut eigene Networks, so früh wie möglich. Lernt voneinander und weltweit, auch via Internet. Klinkt Euch ein in Themen, die Euch von einer mehr als betulichen Schulpolitik vorenthalten werden. Laßt Euch nicht aufhalten, startet durch auf Eurem eigenen Weg. Eure Zukunft verlangt Realitätsnähe und Pragmatismus. Jeder, der Euch etwas anderes erzählt, macht Euch lebensuntüchtig.

Beginnt zu begreifen, daß wahrscheinlich stimmt, was Marianne Gronemeyer in ihrer Analyse des Schulsystems schreibt: Daß Schule mittlerweile vor allem daran scheitert, daß sie nicht darf, was sie soll – nämlich Bildung verbreiten und zugleich knapp machen, Chancengleichheit gewähren und Ungleichheit produzieren, Tugenden vermitteln und auf den harten Konkurrenzkampf vorbereiten. Sorgt für Euch selbst, wartet nicht auf die Lehrangebote der Kultusministerien. Solange ein Schulbuchtext zwei Jahre lang in der Fachbegutachtung der verschnarchten Pädagogengremien liegenbleibt, bevor er dann – vielleicht – nach endlosen Debatten ins Lehrbuch gehievt wird, könnt Ihr die offizielle Bildungspolitik vergessen. Bis die wach werden, könnt Ihr nicht warten.

Eignet Euch alles Wissenswerte sofort und überall an, wo Ihr es ergattern könnt, in Eigeninitiative: in Gesprächen, aus Büchern, Fachzeitschriften, am Computer oder auch aus den spärlicher werdenden Kulturangeboten. Akzeptiert die Ungleichheit und richtet Euch auf den Konkurrenzkampf ein. Eure «Fights» finden im richtigen Leben statt und nicht auf Video.

Tragt die klassische «Bildung» aber dabei nicht zu Grabe, das alte Studium generale, sondern leistet es Euch als Privileg, als Balsam für die Seele, nebenbei. Der Job wird von Euch Pragmatismus verlangen, Detailverengung, Egoismus und harte Bandagen, auch wenn «Teamfähigkeit» als Synonym für humanes, menschenfreundliches Arbeitsklima in allen Stellenausschreibungen gepriesen wird. Man wird Euch nüchterne Analyse- und Abstraktionsfähigkeit, Schnelligkeit, Koordinations- und Organisationstalent abverlangen – all dieses toughe Zeug. Das wird Euer Handwerkszeug sein. Das ist die Tastatur, die Ihr blind beherrschen müßt. Aber daneben gibt es noch die Kür. All die Variationen zum Thema Liebe, Sehnsucht, Freiheit und Tod. Die freien Improvisationen über das Leitmotiv, das Allegro und Adagio – auch das gehört zum Leben, es puffert die harten Stöße der Wirklichkeit ab.

Verlernt nicht zu träumen, Euch Geschichten zu erzählen, zu lachen, auch herumzualbern – besonders wenn es ernst wird. Aber träumt nicht – wie Eure Eltern – bei der Existenzsicherung. Nicht im Beruf und im Alltag. Und bitte nicht den Traum des Wohlstands für alle ohne Gegenleistung, denn der funktioniert nur in den Köpfen von Phantasten, und Ihr zahlt die Zeche. Begreift, daß das äußerste, was dieser Sozialstaat Euch in Zukunft zu bieten hat, eine Chance ist, eine Chance, die Ihr nutzt oder nicht nutzt – bereits in den ersten Klassen der Schule. Danach greifen die Gesetze der freien Wildbahn und der Monetik. Ob wir das wahrhaben wollen oder nicht.

Intellektuelles, Musisches, Schöngeistiges zum Erwerbsberuf zu machen, das bleibt ganz wenigen Kreativen vorbehalten, denen es gelingt, die letzten Nischen öffentlicher Kultur und Bildungspolitik zu besetzen oder die als Berufsspinner und hochdotierte Querdenker in den Think Tanks der großen Zukunftsentwickler die professionellen Visionen entwerfen sollen.

Im Beruf braucht Ihr die klassische Bildung wahrscheinlich nicht, eher zur persönlichen Erbauung und zur persönlichen Regeneration in dieser hektischen Berufswelt, die auf Euch wartet. Die Reflexion im Beruf, das Nachdenken über das «Warum» und «Wieso», das «Cui bono» wird für Eure Generation – leider – eher zur Karrierebremse, falls Euch das Leben in eine der zynischen Erfolgsbranchen spült, in denen Profit über alles geht. Aber genau das wird in vielen modernen Berufen so sein, darauf solltet Ihr gefaßt sein. Nach Ethik wird immer weniger gefragt. Sie wird von den vermeintlichen Sachzwängen überrollt.

Für Euer seelisches Überleben in diesen durchrationalisierten Arbeitswelten braucht Ihr aber auch Kompensation. Die Beschäftigung mit nichtfunktionalen Dingen, mit Musik und Schöngeistigem wird deshalb an Bedeutung gewinnen, als Therapeutikum für die verrohte Seele. Philosophie als Medizin gegen Ulkus und Übersäuerung, als Trost und Anregung, als Angstlöser und Sinnstifter, als Kommunikationsmedium einer isolierenden Technologiegesellschaft. Nicht von ungefähr haben Philosophen wie Sloterdijk und andere derzeit Konjunktur als Managementberater.

Der Luxus der Reflexion und des ausdifferenzierten Gedankens ist heute die intellektuelle Begleittherapie beim gesellschaftlichen Cocooning. Als narrative Krücke einer wortlosen, unsinnlichen, emotionslosen Computerzivilisation, in der gefaxt wird, statt persönliche Briefe zu schreiben; in der man sich on-line um Stellen bewirbt und on-line entlassen wird; in einer Zeit, in der jeder jederzeit verfügbar ist: über Handy, E-Mail oder Telemetrie. Immer verfügbar und doch nicht da. In der man immer schneller wird und doch keine Zeit gewinnt.

Der wahre Luxus Eurer Generation wird die qualitative Ausgestaltung der wenigen Mußestunden sein, die Euch bleiben, nicht Geld oder Aktien. Aber Ihr werdet beides brauchen. Die Zweigleisigkeit ist Euer Schicksal. Das Aussteigen bleibt ein Privileg der Begüterten, das Umsteigen in den Sozialstaat bleibt eine irreale Vision.

Bereitet Euch vor auf diese dichotome Entwicklung. Fahrt zweigleisig. Nehmt zur Kenntnis, daß Ihr das, was Ihr in

Schulen lernt, beruflich kaum brauchen könnt, und daß Ihr das, was Ihr privat und im Leben braucht, in den Schulen nicht lernt. Lernt also wenigstens, mit Euren Defiziten umzugehen, und baut Euch Eure eigenen Krücken.

Macht Euch auf stürmische Zeiten gefaßt, nehmt Euer Leben in die eigene Hand und geht notfalls auf Wanderschaft, auch außerhalb Deutschlands. Dorthin, wo man Euch schätzt. Das Beste, was Schule und Hochschule Euch derzeit noch geben können, ist der größtmögliche Freiraum dafür. Nehmt mit, was Ihr kriegen könnt: Starthilfen und Erfahrungen von Freunden, Eltern und Großeltern, Sponsoren und dem Staat – solange er noch kann. Das ist er Euch schuldig. Ausbildung und Startchancen, nicht aber den nahtlosen Übergang von der Schule zum Sozialamt.

Das Erbe an Altlasten, das wir Zukunftsdiebe Euch hinterlassen, wird fürchterlich. Es wird Euch wie ein Mühlstein am Hals hängen und Euch beim Anfangen behindern.

Es wird hart und beschwerlich für Euch, besonders wenn Ihr die Generationenungerechtigkeit in der Arbeitswelt und auf dem Lohnstreifen spürt – ohne ein Dankeschön der Alten. Im Gegenteil, sie meinen, es stünde ihnen zu. Es ist ein fordernder Anspruch mit Gewährleistungsgarantie; es ist ein Zahlungsbefehl, keine gütige Gabe.

Das ist der entscheidende Unterschied zu früheren Generationen. Eure Großeltern, die nach dem Krieg auch unter erschwerten Bedingungen von vorn beginnen mußten, hatten es sicher auch nicht leicht. Aber da traf es alle gleichermaßen. Es war sicher auch hart, aber sie konnten wenigstens anfangen. So richtig bei Null, alle mit 40 DM Startkapital, sie waren nicht mit verschleierten Altschulden belastet, ihr Desaster war sichtbar. Sie wurden nicht bevormundet und auch nicht durch lähmende Behörden oder Tarifverträge gegängelt. Wer wollte, konnte anpacken – und los ging's. Jeder hatte seine Chance.

Ihr hingegen startet Euer Lebensrennen mit Bleiwesten und bergauf. Ihr kommt kaum aus den Startlöchern, und viele schaffen es noch nicht einmal bis zum Start. Damit Ihr die Optik (Arbeitslosenstatistik) unserer harmoniesüchtigen Gesellschaft nicht stört, werdet Ihr dann zum Waldlauf (in unsinnige AB-Maßnahmen) geschickt und anschließend sogar noch beschimpft, Ihr würdet euch vor der Konkurrenz drücken. Natürlich gibt es Leistungsverweigerer und Drükkeberger auch in Eurer Generation, Sozialstaatsphantasten, die glauben, «der Staat» habe zeitlebens für ihr Wohlbefinden zu sorgen – ohne Gegenleistung. Aber das sind die Ausnahmen. Ich weiß es. Die übergroße Mehrheit Eurer Generation sucht eine seriöse Erwerbschance und einen nahtlosen Berufseinstieg nach der Schule. Euch dafür zu beschimpfen, daß Ihr chancenlos auf der Straße steht, ist mehr als zynisch.

Ihr habt die Chance, Euer Engagement, Euer Können unter Beweis zu stellen, nicht nur verdient, Ihr habt ein Recht auf diese Chance. Dafür müßt Ihr kämpfen. Ich und viele andere, wir werden Euch helfen, so gut wir eben können. Denn ich weiß, Ihr werdet Eure Chance nutzen.

«Eine Jägerin politischer Feigheit» (*Frankfurter Rundschau*)

Heidi Schüller bei Rowohlt

Die Gesundmacher

rororo 9770
240 Seiten, 14,90 DM

Auf der Grundlage eigener Erfahrungen als Ärztin und anhand zahlreicher Beispiele belegt Heidi Schüller die Notwendigkeit einer Neudefinition der Begriffe «Krankheit» und «Gesundheit». Wir müssen wieder lernen, daß sich Gesundheit weder verordnen oder «machen» noch kaufen läßt. Sie ist kein immer und überall einklagbares Gut, sondern setzt die Eigenverantwortung von Arzt und Patient voraus: «Die Gesundheit beginnt im Kopf.» Auf der Basis eines sehr viel bescheideneren Heilbegriffs und vor dem Hintergrund der Diskussion über die Zukunft unseres Gesundheitssystems plädiert die Autorin für eine vollständige Neuorganisation der medizinischen Grundversorgung: «Ich wünsche mir eine Medizin, die endlich wieder Menschen behandelt und nicht Diagnosen.»

Die Alterslüge

Für einen neuen Generationenvertrag
rororo 60129
208 Seiten, 14,90 DM

Heidi Schüller zeigt, daß und warum wir einen neuen Generationenvertrag brauchen: kein formales Regelwerk, das die eine Generation bedingungslos verpflichtet, für die andere aufzukommen, sondern einen gesellschaftlichen Konsens, der jedes Mitglied der Gemeinschaft, ob jung oder alt, entsprechend seinen Möglichkeiten in die Verantwortung nimmt. Das wird nicht möglich sein, ohne die bisherigen Standards einer verwöhnten Nation zu unterbieten. Es könnte dabei aber eine neue Form der oftmals angemahnten Solidarität entstehen, die einer zivilen Gesellschaft würdig ist und die sich bewußt abhebt von der bislang rein monetär regulierten Beziehung zwischen den Generationen.

Daniel Goeudevert

Wie ein Vogel im Aquarium

Aus dem Leben eines Managers

256 Seiten. Gebunden

Er galt als «Paradiesvogel» unter den Topmanagern der Automobilbranche: Daniel Goeudevert, geboren 1942 im französischen Reims, ein Kind mit fuchsroten Haaren, als Sechzehnjähriger französischer Vizemeister im Kugelstoßen, später Student der Literaturwissenschaft an der Pariser Sorbonne, noch später Autoverkäufer. Eine märchenhafte Karriere begann: Vorstandsmitglied bei Citroën Deutschland, Generaldirektor bei Renault Deutschland, Vorstandsvorsitz der deutschen Fordwerke und dann – bis zu Ferdinand Piëch – im Konzernvorstand von VW.

Er hatte Erfolg als «genialer Verkaufs- und PR-Künstler», galt als Kronprinz von Carl Hahn, veranstaltete Kunstspektakel mit HA Schult und ließ Gorbatschow in den Werkshallen von Wolfsburg auftreten. Die Branche verstörte er zunehmend durch seine unorthodoxen Ideen. Er erklärte öffentlich, daß er mit einem Tempolimit leben könne, und kritisierte die «perverse» Entwicklung von immer schnelleren «High-Tech-Produkten für eine finanzielle Elite».

Selten ist so offen und selbstkritisch über die Welt der Vorstandsetagen berichtet worden: über verkrustete hierarchische Strukturen, Drohungen aus der Branche, aber auch über die eigenen Fehler und den wachsenden Autismus auf dem Weg nach oben.

«Ein weitsichtiger Provokateur. Eine lesenswerte Autobiographie.»
Der Spiegel

«Goeudevert ist wahrscheinlich der einzige Wirtschaftler, der sich mit der Haut einer Firma befaßt und über die kulturelle Identität eines Konzerns nachdenkt.»
Süddeutsche Zeitung

Rowohlt · Berlin